WOLFF

Ein Pornostar packt aus

Holger Zill
Dirk Ludigs

*Ich widme dieses Buch allen, die Spaß am Sex haben, und ich
möchte denen danken, die mich unterstützt haben, dieses Projekt
zu verwirklichen.*

© Querverlag GmbH, Berlin 1998

Erste Auflage März 1998

Umschlag und graphische Realisierung von Sergio Vitale unter
Verwendung einer Fotografie vor Renegade Studios
Gesamtherstellung: Druckhaus Köthen
ISBN 3-89656-026-3
Printed in Germany

Bitte fordern Sie unser Gesamtverzeichnis an:
Querverlag GmbH, Akazienstraße 25, D-10823 Berlin
http://members.aol.com/querverlag/

Bildnachweis: J.B. Higgins (6, 8, 12, 20, 65, 70, 82, 96, 159, 183);
Heiko Zolchow (19); Adrian Gronsky (26); Jörg Reichert (31, 32);
Martin Becker (35); Joey Arias (42); Juliette (44); Falcon (52); His Video
Gold (58, 105); Totally Tight Video (76); Renegade Studios (91, 134, 137,
160); Tyger Film (100); Close-up Production (144); Privatarchiv Zill
(28, 117, 125, 148, 154, 164); Richard Law (178); Winfield Scott (169,
184); Lin Prince (177); Triple X Production (110); Greg Cloud (128);
LPI (92); Michael Sexton (11)

Blanche: „Mein Leben ist
ein Liebesroman!"
Dorothy: „Ach Quatsch!
Dein Leben ist ein Gymnastikbuch!"

Golden Girls

Inhaltsverzeichnis

Die Pornomaschine

Holger und ich lernten uns im Frühjahr 1996 kennen, wenige Monate nach seiner unfreiwilligen Rückkehr aus Kalifornien. Ich interviewte ihn für ein schwules Magazin, und er erzählte mir von seiner Idee, ein Buch über seine Erlebnisse in der Pornowelt zu schreiben.

Ehrlich gesagt war ich zu Anfang ein wenig skeptisch. Bekenntnisbücher der sexuellen Sorte sind mittlerweile so zahlreich wie die Callboy-Anzeigen in Stadtmagazinen und meist wenig erhellend. *Ich habe es getan und stehe dazu!* – das genügt schon längst nicht mehr, um Aufmerksamkeit zu erregen. Doch in unseren Gesprächen merkte ich schnell, daß es ihm nicht alleine darum ging, sich die spannendste Zeit seines Lebens von der Seele zu schreiben. Holger hatte einen umfassenden Einblick in das gewaltige amerikanische Pornobusineß – und den anderen, den deutschen Blick darauf. Dazu kommen seine Fähigkeit zur Analyse und sein trockener, pointierter Humor. All das machte mir klar, daß es bei diesem Projekt um mehr ging als nur um Bekenntnisse.

Richtig spannend wurde es für uns ein halbes Jahr später. Ich hatte beschlossen, selbst nach Kalifornien zu ziehen, um von dort aus für die Sendung *liebe sünde* über die amerikanische Sexindustrie zu berichten. Die Idee, gemeinsam dieses

Buch zu schreiben, bekam nun eine neue, geographisch bedingte Dimension. Von Berlin aus würde Holger im Rückblick seine Zeit als Wolff niederschreiben, während ich mich in San Francisco und Los Angeles mit all jenen Menschen traf, die damals sein Leben bestimmten und die Orte besuchte, an denen er sich aufgehalten hatte. Tatsächlich führte mich einer meiner ersten Fernsehbeiträge zu Sharon Kane, die eng mit „Wolff" befreundet war. Holgers persönliche Erfahrungen und die Möglichkeit intensiver Recherchen vor Ort – das war zusammen allemal genug für ein Buch zum Thema Schwulenporno in Hollywood. Es entstand in langen Internet-Sitzungen und E-Mail-Arien, in denen wir beide mehr über Computer gelernt haben, als wir je wissen wollten.

Am Ende ist mehr dabei herausgekommen als ein einfacher Erlebnisbericht. Dieses Buch bietet einen tiefen Einblick in die kalifornische Pornomaschine. Und das ist gut so, denn für die Bedeutung, die der Pornofilm in der schwulen Kultur genießt, gibt es erschreckend wenig Literatur zum Thema. Und wenn, dann sind es entweder langatmige akademische Abhandlungen oder aber Publikationen, die selbst den Stempel pornographisch verdienen. Dieses Buch versucht eine Lücke zu schließen, einem breiten Publikum verständlich und unterhaltsam die Gesetze des Pornogeschäfts näherzubringen – aus der Sicht seiner Macher. Das schließt eine kritische Auseinandersetzung damit nicht aus – ganz im Gegenteil! Weder Holger noch die anderen Interviewpartner in diesem Buch haben es nötig, nur freundlich mit ihrem Busineß umzugehen. Und sie nehmen kein Blatt vor den Mund.

Das war übrigens keine überraschende Erfahrung für mich. Seit vier Jahren arbeite ich journalistisch fast ausschließlich rund um die Sex-Industrie, und in keinem anderen Bereich habe ich mehr ehrliche Menschen kennengelernt – jedenfalls nicht während meiner Arbeit in Politik-Redaktionen. Politiker müssen irgendwann anfangen, auch sich selbst zu belügen – oder sie gehen an ihrem Beruf kaputt. Aus dem gleichen Grund muß man als SexarbeiterIn sich selbst gegenüber eine gewisse Ehrlichkeit entwickeln. Das ist der Unterschied. All den Callboys und Huren, Stripperinnen und Pornodarstellern, die im wahrsten Sinne des Wortes ihren Arsch hinhalten müssen, möchte ich ein kleines Dankeschön aussprechen. Danke dafür, daß sie eine harte Arbeit für vergleichsweise wenig Geld machen, die ihnen keine gesellschaftliche Anerkennung und kaum Sicherheiten bietet. Es wird Zeit, daß sich das ändert!

Die Arbeit an diesem Buch hat mir außerordentlichen Spaß gemacht, und ich wette, dieser Spaß vermittelt sich auch beim Lesen. Denn Sex hat in allererster Linie mit Spaß zu tun. Wenn neben all den Anekdoten, die Holger so herzhaft erzählen kann, am Ende auch noch ein bißchen Verständnis für Schwulenporno hängenbleibt, dann hat sich unsere Arbeit gelohnt. Ob Pornofan oder Pornohasser: Mit diesem Buch bist du für die nächsten Gespräche zum Thema auf das Beste gewappnet. Und wetten? Sie kommen bestimmt!

Dirk Ludigs
San Francisco im Februar 1998

Mein Körper, mein Kapital

 Vielleicht werde ich eines Tages meine Memoiren schreiben. Dann wird Wolff, der Pornoimport, allenfalls ein Kapitel bekommen, und das ist gut so, denn deine Zeit als Pornostar ist begrenzt. Wenn du nach anderthalb Jahren nicht oben stehst, wirst du es nie schaffen. Und wenn du nach zehn Jahren immer noch im Geschäft bist, wirst du irgendwann tiefer unten sein, als dir lieb ist. Nach zweieinhalb Jahren wurde ich auf dem Höhepunkt meiner Karriere herausgerissen, und nachträglich betrachtet bin ich froh darüber.

Du kannst nicht beliebig oft vor dem Whirlpool, auf dem Küchentisch, vor dem Kamin oder im Schlafzimmer herumlümmeln, ohne daß dein Publikum dich schon überall fickenderweise gesehen hat, denn es gibt nur einen begrenzten Vorrat an kommerziell ausbeutbaren Stellungen und Situationen. Als Pornostar ist es eigentlich egal, ob du gut oder schlecht bist – am Ende ist immer nur dein Körper dein Kapital. Du bist das Futter für die Kameras, für die Pornomaschine, die endlos weiter feuchte Träume produziert für den immer wachsenden Bedarf.

Ich war ein Pornostar, weil meine Fans mich sehen wollten und ich Lust hatte, meinen Körper zur Schau zu stellen. Fehlt

13

eine der beiden Komponenten, wird es nichts mit deiner Karriere in der Branche.

Eines wird in diesem Buch nicht vorkommen: eine moralische Wertung der Industrie, in der ich gern gutes Geld verdient habe. Das überlasse ich lieber den Scharen selbsternannter Experten zum Thema: Pfarrern, Politikern, Journalisten und Soziologen. Was der übergroßen Mehrheit dieser Kritiker und Analytiker allerdings allzuoft entgeht, ist ein Blick hinter die Kulissen. Wenn sie sich dem „Phänomen" nähern, wissen sie meistens bereits, was sie davon zu halten haben, und stellen die Fragen passend zu ihren vorgefertigten Antworten.

Wer dieses Buch liest, weiß am Ende mehr – vielleicht mehr als ihm lieb ist – über die größte schwule Pornoindustrie der Welt, auf jeden Fall genug, um sich eine eigene Meinung zu bilden. Es ist ein Erlebnisbericht über die Zeit, in der ich Wolff war. Wolff, der Pornostar.

Und das ist, verdammt nochmal, spannend genug.

Vor fünfzehn Jahren hätte ein Verlag dieses Buch wahrscheinlich noch als „Beichte eines gefallenen Engels" oder so ähnlich vermarktet. Genau drei Dinge daran wären falsch. Erstens: Kein Pornostar, ob männlich oder weiblich, war je ein Engel, und niemand mußte mir die Flügel amputieren, damit ich vor der Kamera Sex machen konnte. Zweitens: Niemand *fällt* in dieses Busineß. Der Pornokarriere geht immer eine bewußte Entscheidung voraus. Manche sind vielleicht sehr jung oder unerfahren, wenn sie anfangen, Pornos zu drehen, oder sie stellen fest, daß es nicht das Richtige für sie ist. Aber das gleiche könnte ihnen auch mit einer Schreinerlehre passieren. Drittens: Ein Bericht über einen Beruf in der Sexindustrie ist keine Beichte. Meine Motive, dieses Buch zu schreiben, sind vielfältig – aber Vergebung für meine Sünden zu erhalten gehört nicht dazu.

Eine Branche zu beschreiben, und gelegentlich auch zu entmystifizieren, die in den letzten fünfundzwanzig Jahren unsere Sexualität und damit unser Leben entscheidend beeinflußt hat – dazu braucht es keine Beichten und keine gefallenen Engel. Ich sage es mal frei heraus: Ich hatte Sex mit den heißesten Männern Hollywoods, bin dafür gut bezahlt worden und habe eine Sammlung von Erinnerungsvideos zu Hause im Wohnzimmerregal. Das erfüllt mich mit Stolz und Zufriedenheit. Was, lieber Leser, war denn dein geilstes Sex-Erlebnis?

Genau deshalb wollen natürlich alle Homos heimlich Pornostar werden. Und darum schauen sie unendlich viele Videos an, prägen sich die wichtigsten Stellungen und Sätze ein (*oh, yeah, fuck me harder, baby, oh!*) und antworten gelegentlich auf Anzeigen wie: „Seriöse Pornoproduktion in Hollywood sucht engagierten Darsteller mit abgeschlossenem Studium der Pornographie oder vergleichbarem Hochschulabschluß."

Warum schaffen es dann nur die wenigsten, ein Pornostar zu werden?

Natürlich, weil sie vor ihren eigenen Fantasien Angst haben. Weil sie es nicht gelernt haben, mit ihrer Sexualität anders umzugehen als alle anderen. Weil sie nicht leben, was sie sich wünschen. Das ist okay. Das sind genau die Leute, von denen das Busineß profitiert, denen es die Sehnsüchte 90-minutenweise verkauft. Die große „sexuelle Befreiung" der letzten dreißig Jahre hat vielleicht nicht allzuviel von der Unterdrückung der Sexualität in unserer Gesellschaft und in uns selbst abgeschafft, dafür aber um so mehr eine weltweite Industrie entstehen lassen, die uns mit den Mittelchen versorgt, um unsere Frustration zu vergessen. Das kann man bedauern, man kann sich aber auch darüber freuen, daß es diese Mittel wenigstens legal zu kaufen gibt. Und Arbeitsplätze werden damit auch geschaffen, meiner zum Beispiel.

Wer ein Pornostar werden will, braucht zumindest einen geilen Körper, einen dicken Schwanz und muß dazu folgende Fragen mit Ja beantworten können:

1. Macht es dich geil, wenn andere dir beim Ficken zuschauen?
2. Bist du dir im klaren, daß du mit Männern für Geld schlafen wirst?
3. Kriegst du auf Kommando einen hoch?

Ich habe im Pornobusineß auch Leute getroffen, die sich diese Fragen vielleicht nie richtig gestellt haben, und wenn, dann hätten sie sie mit Nein beantworten müssen. Das sind oftmals dieselben Leute, die ihre unverarbeiteten Probleme in Suff und Drogen ertränken – die Minderheit der tragischen Figuren im Hollywood-Porno. Es sind jene, die ob der gesellschaftlichen Ächtung, dem Verschweigen der eigenen Familie gegenüber oder dem Zwiespalt zwischen ihrem Tun und ihren persönlichen Moralvorstellungen seelisch zerbrechen. Nicht der Beruf selbst hat sie dazu gemacht, sondern die gesellschaftlichen Bedingungen, unter denen sie ihre Arbeit ausführen müssen!

Als Deutscher hatte ich es in einigen Punkten sicherlich leichter als meine amerikanischen Kollegen. Ich mußte nicht mit dieser unglaublichen Doppelmoral und Prüderie kämpfen, die Amerikas Erziehung beherrscht, diesem lärmenden Schweigen zum Thema Sex. In den USA wird dir ständig Sex um die Ohren gehauen in Form von gebetsmühlenartig wiederholten Tabus: Kein Sex unter Teenagern, kein Sex in der Öffentlichkeit. In manchen Staaten der USA ist selbst Oralverkehr verboten. Wie weit die Hysterie reicht, zeigt ein Beispiel: Während dieses Buch entstand, mußte in Kalifornien ein TV-Spot über Brustkrebs-Früherkennung vom Äther genommen werden, weil ein nackter Busen zu sehen war. Die Fernsehdirektorin erklärte, der Film sei höchstens geeignet, in der Privatheit des eigenen Wohnzimmers betrachtet zu werden. Dazu meine Frage: Wo steht denn Ihr Fernsehgerät?

Die USA haben die höchste Quote an Geschlechtskrankheiten und Teenagerschwangerschaften weltweit, die miserabelste Sexualaufklärung und die strengsten Sexualgesetze der westlichen Welt. Gleichzeitig entsteht im San Fernando Valley nördlich von Hollywood neunzig Prozent der weltweiten Pornoproduktion.

Das ist natürlich kein Widerspruch, sondern nur marktwirtschaftlich konsequent. Die Widersprüche sitzen nämlich in den Köpfen der Amerikaner und bringen manchen meiner US-Kollegen innerlich zur Verzweifelung. Einige wenige gehen auch daran zugrunde.

Umgekehrt war das einer meiner größten Vorteile. Die vergleichsweise liberale deutsche Haltung zum Sex hat mir schnell den Ruf eingebracht, *uninhibited* zu sein, unverkrampft also – oder einfacher: eine geile Sau! Und das sollte man sein, wenn man es im Porno zu etwas bringen will.

Ich habe immer gerne gevögelt, und wenn es Leute glücklich macht, mir dabei zuzusehen und ich damit mein Geld verdienen kann, dann ist das doch eine optimale Lösung. Sex war nie ein Fremdwort für mich, und so bin ich die Sache auch angegangen.

In Los Angeles habe ich als Pornodarsteller gearbeitet – L.A., Stadt der Sonne, Stadt des Pornos, „Stadt der verlorenen Engel", wie sie liebevoll und schmerzhaft genannt wird. Ein Ort der Wärme, an dem die Menschen aber sehr kalt miteinander umgehen. Jeder, der nach Los Angeles geht, legt sich eine Fassade zu, ein vermeintlich besseres Ich, mit dem man die eigenen kleinen Unzulänglichkeiten zu vertuschen versucht. So entstand auch Wolff. Danach muß man diese Fassade nur noch gut verkaufen.

Wolff gab mir die Möglichkeit, Sex in der Öffentlichkeit zu haben und Holgers Fantasien umzusetzen. Alles, was Wolff erlebte, hat sich mir fest in die Erinnerung gebrannt und ist Teil meiner, Holgers, Realität geworden. Ohne Wolff wären es lediglich Traumsequenzen geblieben. Dafür bin ich meinem Alter ego dankbar. Doch im Grunde hat Wolff nichts getan, was Holger nicht gewollt hätte. Und das ist vielleicht das einzige, was uns beide von Dr. Jekyll und Mr. Hyde unterscheidet.

Noch ein Wort zum Busineß, bevor ich anfange, über meine Zeit als Pornodarsteller auszupacken. Nur damit keine falschen Erwartungen aufkommen: Porno ist ein Geschäft und funktioniert nach den Regeln der Geschäftswelt. Das heißt: Die meisten Pornoproduktionen werden am Tage gedreht. Um neun oder zehn Uhr morgens ist *wake up call*, Weckdienst also. Wie in jedem anderen Gewerbe gibt es im Pornobusineß Angestellte, die ihre acht Stunden arbeiten, manchmal auch zehn oder zwölf. Der ganze Alltag ist wenig glamourös; es ist halt ein Job wie überall. Wer erfolgreich sein will, muß sich auf seine Arbeit konzentrieren.

Die Konzentration ist ein verdammt wichtiger Faktor. Wenn du mit deinem Partner am Set Sex hast, dann mußt du dich auf ihn fokussieren, oder du kriegst keinen hoch. Letztendlich ist es ein sehr intimer Moment, in dem alles andere seine Bedeutung verliert. Ich habe mich in diesen Situationen immer nur um das gekümmert, was mir wichtig schien, und das waren eben meine Partner. Wenn ich an nichts anderes denke, kann nichts schiefgehen. Ich hatte nicht selten Szenen, bei denen dreißig oder mehr Leute um uns herumstanden und zuschauten. Das machte mir aber nichts aus, weil ich mit meinem Partner allein war in unserer Welt. Ich habe immer wieder gesagt: Ich kann mir auf dem Mittelstreifen einer Autobahn einen runterholen, denn wenn ich geil bin, interessieren mich die vorbeifahrenden Autos nicht.

Diese Fähigkeit, sich selbst zu befriedigen, ist auch Voraussetzung dafür, andere zu befriedigen: deinen Partner zu Hause, deinen Partner am Set und letztlich auch den Zuschauer. Und diese Fähigkeit ist ein Talent, das einen Pornodarsteller wirklich auszeichnet.

Die zweite Fähigkeit heißt: zu wissen, wann Schluß ist. Ich bin mir nicht sicher, ob ich das wirklich gewußt hätte oder ob ich mich hätte verschleißen lassen wie die Eisprinzessin, die am Ende nur noch in billigen Revuen in der dritten Reihe tanzt. Doch Gott sei Dank mußte ich die Entscheidung nicht selbst treffen.

Sie wurde für mich gefällt.

Prolog
Ein Ende als Anfang

Ich habe nie herausgefunden, wer mich verraten hat. Nicht viele wußten, daß ich ein *illegal alien* war und daß ich weder ein Visum, noch eine Arbeitserlaubnis für die Vereinigten Staaten von Amerika besaß. Selbst ich hatte es nach all der Zeit vergessen. Bis zu diesem Moment.

Draußen war es noch dunkel – der Morgen nach Thanksgiving: der Tag, an dem ganz Amerika lange schläft. Von ferne drang ein Klopfen in meinen Traum. Nackt und noch halb im Schlaf kroch ich aus dem Bett, Zimmer 206, Allison Hotel, San Francisco. Ich riß die Tür auf, bereit, wen auch immer anzubrüllen, er habe sich wohl in der Zeitzone geirrt.

„Immigration!" bellte mir jemand entgegen. Einwanderungsbehörde! *„Holger Zill, you are under arrest!"* Holger? So hatte mich lange keiner mehr genannt. Sie kamen zu dritt, und einer fing an, mir meine Rechte vorzulesen. Ich stand fassungslos da, die Hände vorm Schwanz – und im Bruchteil einer Sekunde hellwach. Ich konnte nicht glauben, daß man mich nach einer stressigen Woche mit 28 Stripshows am Morgen nach einem nationalen Feiertag verhaftete. Hätten sie nicht bis Montag warten können?

Die drei Herren machten mir klar, daß ich mich noch schnell anziehen sollte. Pulli, Hose und Schuhe ohne Socken, zu mehr kam ich nicht. Die Haare standen mir zu Berge, und gerade noch rechtzeitig, bevor sie mir Handschellen anlegten, konnte ich nach meiner Sonnenbrille greifen. So wurde ich wenigstens mit Stil durch die Hotelhalle geführt.

Die Einwanderungsbehörde ist nicht viel mehr als ein einziges Stockwerk eines Bürogebäudes in der Innenstadt von San Francisco. Sie sperrten mich in eine vollklimatisierte Zelle neben den Büros ein – in eine Eistruhe, besser gesagt. Ich sollte bald lernen, daß die amerikanischen Vollzugsbehörden ihre Klimaanlagen als Waffen benutzen: Damit stellen sie dich kalt! Allerdings hat das einen Vorteil: Wer friert, spürt den Hunger nicht. Bibbernd und völlig übermüdet erfuhr ich nach einigen Stunden, daß es mit meinen Papieren länger dauern würde.

Meine Papiere? Ich hatte keine Ahnung, was die Herren von der Immigration damit meinten. Erklären wollten sie es mir auch nicht, und so fügte ich mich in mein Schicksal. Mir wurde gesagt, daß ich nicht in San Francisco, sondern im Knast von Santa Rosa übernachten würde, von dort würde man mich am nächsten Tag abholen. So wurde ich mit zehn anderen, brav zwei an zwei gekettet, in einen vergitterten Polizeibus gebracht. Dort saßen wir, abgefertigt wie ein Stück Fleisch – und ich mußte daran denken, wie teuer ich das am Vorabend noch verkauft hatte.

Der Bus war völlig überheizt, und binnen Minuten schlief ich ein. Ein unsanftes Rütteln weckte mich und meine zumeist mexikanischen Schicksalsgenossen. Wir waren angekommen.

Das Alameda County Jail in Santa Rosa liegt knapp eine Stunde östlich von San Francisco hinter einer Bergkette auf der anderen Seite der Bucht; ein Neubau aus den siebziger Jahren, keine fünf Minuten vom Highway, doch in einer Senke so gut versteckt, daß man es von der Autobahn aus nicht sehen kann. Endlose Gänge, Gitter, und wieder Gänge. In einer Art Aufnahmehalle mußte ich meine Fingerabdrücke hinterlassen und meine Klamotten obendrein. Ich zog mich aus, und alle schauten hin, aber keiner gab Trinkgeld. Stattdessen warfen sie mir ihre Anstaltsklamotten auf den Tisch: eine übergroße gelbe Leinenhose, ein kurzärmeliges Oberteil im gleichen Farbton mit V-Ausschnitt und Nummer und zwei häßliche Plastiklatschen, einer grün, einer gelb: ein Verbrechen! Und wie ein Verbrecher sah ich auch aus! In diesem lächerlichen Kostüm verbrachte ich meine letzten zehn Tage in den USA.

„Sind Sie schwul?" Völlig desinteressiert rasselte die Vollzugsbeamtin den Fragenkatalog runter.

„Ja!" antwortete ich wahrheitsgemäß.

„Wir werden Sie dann besser zu Ihrem eigenen Schutz in Einzelhaft nehmen, Mr. Zill."

Ich traute meinen Ohren nicht. Im offenen Vollzug könne man für meine Sicherheit nicht garantieren, war die Begründung. Was für eine Farce!

Am nächsten Morgen holte mich niemand ab, wie die Beamten von der Einwanderungsbehörde eigentlich versprochen hatten, also fragte ich nach: „Wann kommen die Typen von der Immigration zurück?"

„Diese Frage müssen Sie schriftlich einreichen."

„Dazu brauche ich Papier und Bleistift!"

„Das müssen Sie schriftlich beantragen!" In der Stimme des Beamten lag Feindseligkeit. Er hatte offenbar beschlossen, es mir so schwer wie möglich zu machen. Keine Frage: Die Wärter dachten natürlich, ich sei ein Schwerverbrecher wie angeblich alle anderen, die in diesem Trakt in Einzelhaft saßen.

Einzelhaft. Dreiundzwanzig Stunden am Tag alleine in einer viel zu kalten Zelle. Ununterbrochen Schreie, Jammern und Brüllen von Mitgefangenen von irgendwoher. Es machte mich langsam wahnsinnig. Ich werde in diesem Loch einfach vergessen und irgendwann sterben, soviel war klar.

Am zweiten Tag noch immer keine Antwort, kein Stift, kein Papier. Aber eine Stimme. Eine weibliche Stimme, die fragte, ob ich für eine Stunde aus der Zelle wolle. Ich antwortete mit Ja, und meine Tür sprang auf.

Ich durfte duschen und telefonieren. Sofort rief ich meinen besten Freund und Pornokollegen Adrian Gronsky in San Francisco an. Er wußte schon alles, hatte meine Sachen aus dem Hotel gerettet und wollte mich besuchen kommen. So ein Engel! Auf dem Weg zurück zur Zelle sagte mir einer der Wärter, es könnte im schlimmsten Falle drei Monate dauern, bis meine Papiere beisammen wären. Drei Monate!

Adrian kam, und mit ihm kehrte ein bißchen Freude in mein Leben zurück. Wir saßen uns gegenüber in einer von mehreren, mit dünnen Spanplatten voneinander abgetrennten Kabinen, schußsicheres Glas zwischen uns. Reden ging nur mit Hilfe einer Telefonanlage, und zu diesem Zweck hatte man mir die Handschellen abgenommen. Doch der Typ neben uns schrie unentwegt auf Spanisch, und ich verstand kein Wort von dem, was Adrian sagte, bis ich schließlich heftig gegen die Trennwand hämmerte und brüllte: „Halt endlich dein verficktes Maul!" Es half.

Adrian hatte eine Anwältin schon eingeschaltet, die ihm zwar gleich sagte, daß ich keine Chance hätte, im Land zu bleiben, wohl aber meinte, sie könne die Auslieferung beschleunigen. Wohl denn! Jeder Tag länger in dieser Zelle war einer zuviel.

Wenn ich mir vorstelle, lebenslänglich in so einem Loch zuzubringen – ich denke, es wäre der seelische Tod! Ich begann zu meditieren, und es half mir dabei, nicht durchzudrehen. Ab dem dritten Tag versorgte mich eine Angestellte der Gefängnisbücherei mit Lesestoff. Ich habe noch nie in meinem Leben in so kurzer Zeit so viele Bücher gelesen.

Am zehnten Tag um drei Uhr dreißig in der Früh zerrte man mich aus der Zelle. Genauer gesagt: Ich mußte meine Hände rückwärts aus der Luke der Zellentür halten, und erst, nachdem die Handschellen angelegt waren, öffnete sich die Tür.

Es dauerte wiederum Stunden, bis ich meine eigenen Klamotten am Leibe hatte, und wir fuhren zur Einwanderungsbehörde zurück, wieder zwei an zwei gekettet. Ich fand mich mit einem Deutschen wieder, einem Mechaniker, den sie auf einem Schiff verhaftet hatten.

Die Behörde konfiszierte meine letzten zweihundert Dollar und zahlte die fehlende Summe für das Flugticket nach Frankfurt aus dem amerikanischen Staatssäckel. Ich aber wollte nach Berlin, denn was sollte ich in Frankfurt ohne einen Pfennig Geld?

Nils aus Hamburg, der andere Deutsche, lieh mir freundlicherweise die nötigen zweihundert Mark, um meinen Flug umzubuchen. Bis heute hatte ich keine Möglichkeit, ihm diese Ehrenschulden zurückzuzahlen, denn er hat sich nie bei mir gemeldet, und ich habe seine Telefonnummer verloren. Wenn du dieses Buch liest, lieber Nils, dann ruf mich bitte an! Hier wartet Geld auf dich!

In Handschellen betraten wir das Flugzeug; erst in London wurden mir meine Papiere von einer Stewardeß überreicht. Ich kam in Berlin an mit dem, was ich am Leib trug, und ohne jegliches Gepäck. Die Nummer eines Freundes hatte ich aber Gott sei Dank noch im Kopf.

„Rate mal, wer in der Stadt ist?" fragte ich am Telefon.

„Holger?" hörte ich eine ungläubige Stimme.

„Ja. Was machst du gerade? Darf ich vorbeikommen?"

Ich durfte. Drei Monate sollte ich in seiner Wohnung bleiben, bis ich in Berlin wieder Fuß gefaßt hatte.

Ich legte den Hörer auf und verließ das Flughafengebäude, um mich auf dem Absatz wieder umzudrehen. Es waren minus achtzehn Grad draußen! Nach drei Jahren Kalifornien hatte ich keine Ahnung mehr, was diese Temperatur bedeutet.

Ich zog meine Jacke an und kämpfte mich durch die Kälte zum Taxistand. In diesem Moment fing es doch tatsächlich an zu schneien. Ich zurrte die Jacke fester zu und winkte ein Taxi heran. „Kein Wetter für Wolff", dachte ich. Doch der junge Mann, der nach Berlin zurückkam, hieß einfach wieder Holger.

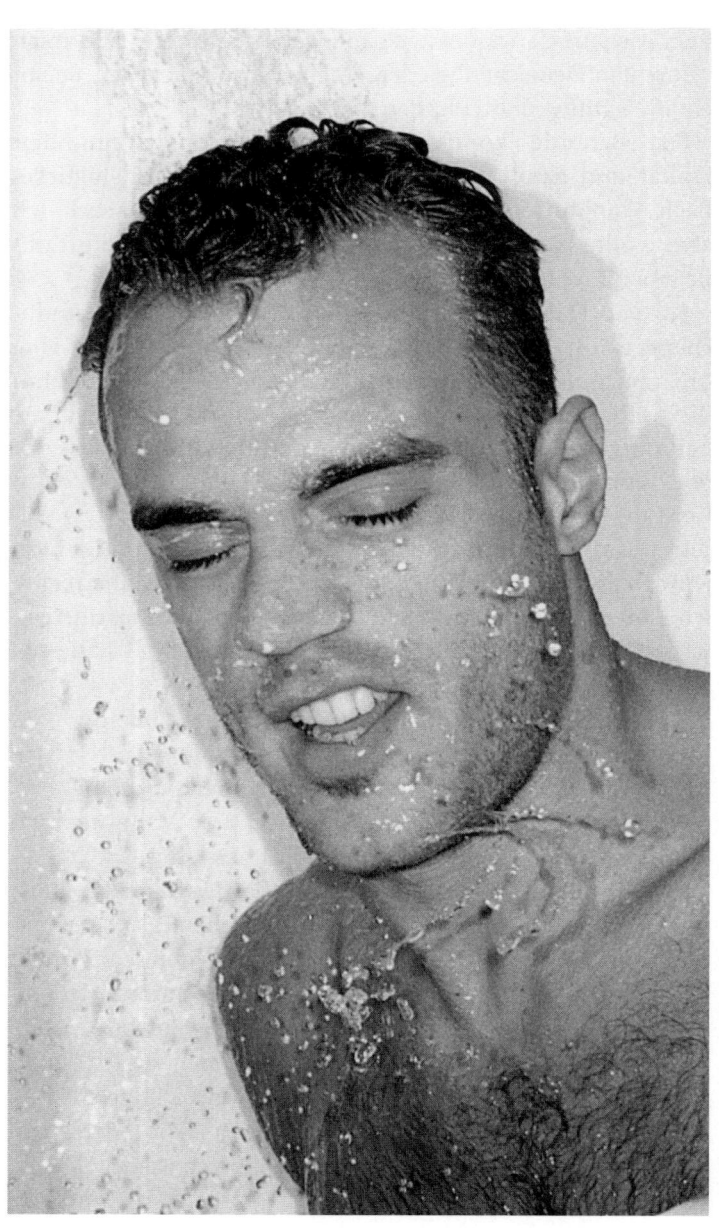

Erstes Kapitel

Frei wie ein Vogel

„He, Mann, renn nich' so schnell!" keuchte Kai. Ich hatte die paar hundert Meter von unserer Straße bis zum Wald mal wieder in Rekordzeit hinter mich gebracht. Als letzter stolperte Jörg zu unserem geheimen Treffpunkt an der alten Buche, weitab von den Wegen der nachmittäglichen Spaziergänger. Wie drei junge Wölfe, die ihre Nasen in den Wind halten, schauten wir uns um nach unliebsamen Zuschauern unseres Lieblingsspiels. Die Luft war rein.

Wir zogen unsere Klamotten aus und verbuddelten sie im feuchten Waldboden. Blätter drüber, fertig!

Das machten wir nicht zum ersten Mal. Kai und Jörg, die beiden Nachbarjungen, und ich waren Nudisten, ohne das Wort jedoch zu kennen. Wir liebten es, stundenlang nackt durch den Wald zu rennen, dieses unglaubliche Gefühl von Freiheit zu genießen, gepaart mit der süßen Würze des Verbotenen. „Vogelfrei" nannten wir uns, wenn wir so herumliefen: ohne Kleider und ohne Sorgen!

Es war Sommer, und wir waren, wenn ich mich recht erinnere, zwölf Jahre alt. Es war außerdem der erste Drehtag unseres verbotenen Films. Ich weiß wirklich nicht mehr, wer von uns zuerst auf die Idee gekommen war, doch es lag wohl in dieser feuchtwarmen Sommerluft und bahnte sich von dort einen Weg in unsere pubertierenden Köpfe. Zu dritt waren wir auch ein komplettes Filmteam einschließlich imaginärer Kamera. Jeder von uns war abwechselnd Kameramann und Darsteller. Der Kameramann schloß die rechte Hand um einen eingebildeten Griff – den ich später niemals an echten Kameras wiedergefunden habe –, und die linke Hand imitierte das langsame Vorwärtsdrehen der Filmspule. Wenn du nicht gerade eine Regieanweisung gabst, gehörte das Nachäffen des Drehgeräuschs zu deinen Aufgaben.

Wir drehten einen Sexfilm im Wald von Düsseldorf-Gerreßheim. Leider wußten wir zu diesem Zeitpunkt noch nicht allzuviel über Sex. Die Hauptsache war, wir hatten wieder einen Grund, nackt zu sein. Jörg und ich rieben unsere leicht behaarten Schwänze aneinander, und Kai imitierte das Kamerageräusch: z-z-z-z-z …

Zwei- oder dreimal haben wir dieses Spiel im Wald von Gerreßheim wiederholt. Erwischt wurden wir nie. In den folgenden Jahren haben wir aber auch nie darüber gesprochen. Jörg, einer meiner beiden Mitdarsteller von damals, lebt heu-

te in Berlin. Vor kurzem trafen wir uns im *Jaxx*, einem schwulen Pornokino, wo ich an der Kasse die Urlaubsvertretung für einen Freund übernommen hatte.

Im *Jaxx* laufen circa zwanzig Pornofilme parallel, und ich machte mir immer einen Spaß daraus, mindestens fünf meiner eigenen Streifen einzulegen, wenn ich Dienst hatte. Die Reaktionen der Kunden wären eine eigene soziologische Studie wert gewesen, doch zurück zur eigentlichen Geschichte.

Als Jörg den Laden betrat, war ich mir zuerst nicht sicher, woher ich sein Gesicht kannte. Ich ließ ihn erst mal ein, und als er nach einer Dreiviertelstunde wieder herauskam, schnappte ich ihn mir und fragte, ob er derjenige von damals war. Er nickte kurz, und ich spürte, wie unangenehm ihm die ganze Situation war: das Pornokino, das Ertapptwerden, mein Arsch auf fünf Kanälen und jetzt auch noch die Erinnerung an verbotene Kindheitsspiele im Wald. Es war ihm sichtlich peinlich; er traute sich nicht einmal, mir ins Gesicht zu schauen. Mit einem hastigen „Dann mach's mal gut!" schlich er zur Tür hinaus. Ich fragte mich, warum er sich als Erwachsener für seine Kindheitsspiele schämte? Wäre es nicht viel schöner gewesen, sich über das Wiedersehen zu freuen und gemeinsam die alten Zeiten Revue passieren zu lassen?

Wir Kinder aus der Siedlung in Gerreßheim verbrachten eine Jugend im Freien. Wir bauten Buden und spielten am liebsten Räuber und Gendarm. Ich war immer ein Räuber. Das lag zum einen daran, daß ich so verdammt schnell rennen konnte, aber entscheidender war, daß ich mich immer wie verrückt wehrte, wenn ich gefaßt und gefesselt wurde. Meinen Gendarmen schien das besonders gut zu gefallen!

Für die meisten Erwachsenen in der Siedlung war ich ein richtiger Rabauke. Meine Mutter sagte meist mit einem leichten Seufzer: „Holger ist halt ein sehr aktives Kind!"

Meine Mutter! Solange ich denken kann, war sie eine Heldin für mich. Ich wurde am 6. Juli 1968 geboren und war das jüngste von fünf Kindern: Drei Brüder und eine Schwester hatte ich noch. Meine Familie wohnte in einem Häuschen in der Siedlung am Pilgerweg, die in den fünfziger Jahren von der Gerrix Glas AG für ihre Arbeiter hochgezogen worden war. Mein Vater war Kraftfahrer bei Gerrix. Eines Morgens fuhr er wie gewohnt zur Arbeit und kam nie wieder.

Ich war erst drei Jahre alt, als mein Vater meine Mutter verließ, und viel zu jung, um das alles zu verstehen. Ab diesem Tag zog meine Mutter fünf Kinder alleine groß, und sie tat es, ohne zu murren, ohne zu verzweifeln, ohne zu versagen. Sie hat uns fünf immer so genommen, wie wir waren, und versuchte, das beste aus uns zu machen.

Ich war vierzehn, als ich begriff, woher sie diese Stärke nahm. Mir war zu diesem Zeitpunkt längst klar, daß ich anders als die anderen Kinder der Siedlung war, und obendrein steckte ich in der typischen Verweigerungshaltung eines Pubertierenden. Sie wiederum bestand darauf, daß ich in die Kirche gehe und konfirmiert werde. Wir saßen zusammen und debattierten hart miteinander.

„Warum gehst du denn selbst nie in die Kirche außer an Weihnachten?" fragte ich sie.

Sie wurde sehr ernst und erwiderte: „Ich brauche kein Haus, um zu beten. Ich halte Zwiesprache mit Gott, egal wo ich bin." Ich glaubte ihr und tat ihr den Gefallen, mich konfirmieren zu lassen.

Obwohl der Jüngste, war ich nie das Nesthäkchen. Ganz im Gegenteil: Ich erfuhr durch meine Geschwister eine ganze Menge weitaus früher als andere Kinder in meinem Alter. An ihren Erfolgen und Fehlschlägen konnte ich mich orientieren, und so blieb mir manches traumatische Kindheitserlebnis erspart. Daraus wiederum nahm ich meine Selbstsicherheit, die mir im Pornobusineß oft genug weitergeholfen hat. Böse Zungen mögen behaupten, ich war von Anfang an mit allen Wassern gewaschen.

Ich weiß, zum Beispiel, noch genau die Geschichte mit dem Rauchen. Meine Geschwister hatten sich irgendwann alle bei meiner Mutter damit verraten. Und wie? Sie kamen nach Haus, kauten demonstrativ Kaugummi oder lutschten irgendwelche Bonbons. Genau das machte die Dame natürlich mißtrauisch. Es war klar, daß es da etwas zu verbergen gab.

Als ich soweit war, meine erste Zigarette zu rauchen, wußte ich instinktiv, daß nicht der Geruch mich verraten würde, schließlich rauchte meine Mutter selber und würde den Tabak bestimmt nicht riechen. Die Auffälligkeit des Versteckenwollens hatte meine Geschwister entlarvt. Viermal hatte ich die Gelegenheit gehabt, das zu beobachten. Ich war frech genug, etwas anderes zu probieren.

Während meine Mutter also zu Hause auf den Tag wartete, an dem ich mit einem Bonbon im Mund nach Hause komme, öffnete ich die Wohnungstür, sagte hallo und gab ihr einen Kuß auf den Mund.

Sie bemerkte nichts.

Einen bestimmten Punkt meiner Entwicklung jedoch erreichte ich alleine, ohne Vorbilder, getrieben von einer dunklen Sehnsucht, die schon da war, lange bevor mir Schamhaare wuchsen.

Ich war gerade elf Jahre alt und mit Freunden im Freibad. Während die übrigen Kinder rund um die Becken tollten und sich gegenseitig ins Wasser schubsten, faszinierte mich etwas ganz anderes. Mit meiner knappen Badehose setzte ich mich auf einen Betonpoller zwischen dem Duschraum und den Umkleidekabinen und wußte: Wenn ich nur lange genug sitzen bleibe, wird etwas passieren. Ich weiß nicht einmal mehr, woher ich es wußte. Es war die blanke Intuition.

Ich bekam einen Blick zugeworfen und folgte einem Mann in eine der Kabinen. Er schob den Riegel vor, und danach ging alles sehr schnell: Badehose runter und Schwanz in den Mund – seiner in meinen, wohlgemerkt.

Das war es also, was ich wollte! Dieses Gefühl, einen Schwanz im Mund zu haben! Es war eine Sensation, etwas unsagbar Geiles, die Erfüllung eines Traums, den ich vorher nicht einmal hätte benennen können! Danach war nichts wie vorher. Ich war ein Wissender geworden. In einer engen Umkleidekabine, in der es nach Chlor roch, schien ich meine Bestimmung gefunden zu haben.

Ich stürmte aus der Kabine und wußte erst mal nicht, wohin. Am Beckenrand tollten meine Kameraden. Zu ihnen wollte ich nicht zurück. Ich lief bis zum Ende der Anlage, setzte mich hin, mit dem Rücken an den Absperrzaun gelehnt, schloß die Augen und hörte mein Herz pochen. Hätte ich in diesem Moment gewußt, was danach noch alles kommen würde, ich wäre vor Verzauberung verrückt geworden. Heute, mit all den anderen sexuellen Sensationen im Gepäck, kann ich sagen, daß diese einfache Erfahrung, einen Schwanz in der Kehle zu spüren, die aufregendste geblieben ist. Es ist meine sexuelle Fixierung Nummer Eins.

Am Ende dieses Sommers begann meine Zeit auf der Realschule in Düsseldorf. Dort lernte ich bald einen Kameraden kennen, mit dem ich fortan sehr viel Zeit verbrachte. Sein Name war Ralf, und er wohnte nicht weit von uns. Nach meiner Freibaderfahrung hatte ich regelmäßig Sex an öffentlichen Orten, doch diesen Teil meines Lebens hielt ich auch vor Ralf geheim, bis ich etwa fünfzehn Jahre alt war. Stundenlang amüsierten wir uns in dem von seinen Eltern umgebauten Partykeller, lagen auf Matratzen und erzählten uns Geschichten. Eines Abends lief unser Gespräch immer gezielter auf ein Thema zu: Schwulsein!

Seine Schwester – und jetzt bitte nicht lachen – hieß Gaby, war blond und Friseuse. Sie arbeitete in einem Coiffeursalon – ja ja, so hieß das damals! – und ihr Kollege Lothar war einer meiner regelmäßigen Sexpartner. Eines Tages fragte mich Lothar, ob ich nicht Lust hätte, ihn von der Arbeit abzuholen und mit ihm essen zu gehen. Ohne über die Konsequenzen nachzudenken, sagte ich zu.

Als ich den Laden betrat, wußte die ganze Belegschaft schon, daß Lothars neuer Schwarm im Anmarsch war. Die Blicke der Kolleginnen glitten meinen fünfzehnjährigen Körper auf und ab, doch ein Augenpaar blieb auf mein Gesicht fixiert: Das war Gaby, die fünf Jahre ältere Schwester meines

Kumpels. Sie sagte natürlich kein Wort, und ich verließ mit Lothar den Laden.

Als aber Tage später mein Gespräch mit Ralf immer konkreter aufs Schwulsein hinauslief, wußte ich: Gaby hat getratscht. Und ich wußte auch, daß leugnen keinen Sinn machte, denn Ralf hatte alle Einzelheiten sämtlicher Klatschmäuler eines ganzen Coiffeursalons.

Die Fragen kamen: „Sag mal, würdest du denn auch mit Männern?" und „Hast du denn schon mal?" Es begann fieberhaft in mir zu arbeiten – und ich sagte schüchtern, doch mit fast trotzigem Unterton: „Ja, ich will alles in meinem Leben ausprobieren. Warum nicht auch mit Männern?"

Das war noch nicht mit vollem Stolz gesprochen, wie ich es heute tun würde. Aber es war immerhin kein „Nein", kein Verleugnen mehr. Ich hatte mich entschlossen, mein Leben nicht länger hinter Schweigen und Lügen zu verstecken. Jeder Schwule kennt diesen Moment. Erst quält sich die Wahrheit mühsam aus dir heraus, und danach möchtest du nicht mehr aufhören, sie in die Welt hinauszuschreien: Ich bin schwul!

Genau das machte es Ralf und den anderen in meiner Clique möglich, es zu akzeptieren. Auch meine Mutter, der ich es wenig später erzählte, konnte mit der Wahrheit leben. Wie gesagt, sie hatte niemals das Bedürfnis, mich zu ändern, sie hat das einfach unglaubliche Talent, ihre Kinder so zu nehmen, wie sie sind. Zwar fragte sie noch eine Zeitlang, ob ich denn mittlerweile nicht doch eine Freundin hätte, aber das steckt wohl im Blut einer jeden Mutter. Wahrscheinlich wollte sie nur wissen, ob ich sie anlügen würde, um ihr einen Gefallen zu tun. Ich blieb stets bei der Wahrheit. Sie ist auch einfacher zu leben. Überraschenderweise glaubt einem sowieso kaum jemand, wenn man die Wahrheit erzählt. Warum also lügen?

Ich merkte rasch, daß es nicht einfach war, offen schwul zu leben. Als Homo wird dein Selbstbewußtsein meistens viel härter getestet als das der Heteros. Wir müssen uns jeden Tag neu behaupten, und ich habe Gott sei Dank sehr früh gelernt, zu dem zu stehen, was ich tue. Als ich mit sechzehn Jahren von einem älteren Mann auf der Straße beschimpft wurde: „So was wie dich hätte man früher in die Gaskammer gesteckt!", drehte ich mich um und sagte: „Und heute fickt man so was wie mich in den Arsch! Schönen Tag noch!" Zu so was fällt mir nichts anderes ein. Warum sollte ich die Dummheit anderer persönlich nehmen?

Ralf und ich hatten niemals Sex miteinander. Unser Gespräch auf den Matratzen half mir aber, die Weichen für mein weiteres Leben zu stellen. Wenig später kam der Zufall dazu. Ich lief mit einer Freundin die Düsseldorfer Kö entlang, als eine ältere Dame mich ansprach und fragte, ob ich nicht Lust hätte, für eine Optikerwerbung zu modeln. Ob ich Lust hätte? Klar hatte ich Lust! Ich war schlicht hellauf begeistert!

Bei meinem ersten Job verdiente ich fünfhundert Mark, was für mich natürlich eine ganze Menge Geld war. Wir sollten in einem Fotostudio zu dritt mit bunten Hip-Hop-Klamotten am Leib und Brillen auf der Nase eine Breakdance-Szene nachstellen und so tun, als würden wir tanzen. Ich verlor ungeheuer schnell die Lust, denn mir kam die ganze Szenerie furchtbar albern vor, und ich überlegte tatsächlich, ob ich nicht einfach meinen Kram packen und abhauen sollte. Doch dann erschienen vor meinem inneren Auge fünf blaue Einhundertmarkscheine, und ich war wieder voll dabei. Dieses Konzentrationsspiel habe ich mir schnell zu eigen gemacht, und das sollte mir bei meiner Pornokarriere unzählige Male den Dreh retten. Immer, wenn ich drohte, die Lust zu verlieren, stellte ich mir Tausend-Dollar-Noten vor, und es half. Immer.

Die Brillenwerbung war der Start für eine ganze Reihe verschiedener Modeljobs auf Shows und bei Fotosessions, und die ganze Schule war natürlich neidisch auf mich. Ich genoß die Zeit, hatte unbestreitbar viel Spaß und lernte eine Menge interessanter Menschen kennen. Und doch ist es ein ungemein hartes Gewerbe. Die Modebranche geht nicht zimperlich mit dir um, im Grunde härter als die Pornoindustrie; das kann ich heute im Vergleich sagen. Als Modemodel wurde ich benutzt und geduldet, solange ich ins Konzept paßte; wie es mir dabei ging, war meinen Auftraggebern scheißegal. Ich verkaufte meinen Körper, und sie verlangten noch meine Seele dazu.

Das wurde mir ein paar Jahre später klar, als ich in Berlin für Gaultier als lebender Kleiderbügel den Laufsteg auf und ab scharwenzelte. Der Herr Modedesigner und seine Chargen zogen eine Affenshow der Eitelkeiten vom Leder, und wer zu einem ihrer langweiligen Witze nicht lächelte, riskierte den Rausschmiß noch am gleichen Abend. Also lächelte ich – und kam mir wie eine Nutte dabei vor! Niemals in meiner späteren Pornokarriere habe ich mich so verkauft gefühlt wie an diesem Abend. Ich lief über den Steg und dachte darüber nach, ob es nicht besser wäre, gleich vor laufender Kamera zu vögeln – zumindest ehrlicher. Wahrscheinlich habe ich an diesem Abend eine Art inneren Grundstein für meinen späteren Beruf gelegt.

Mit Modeln verdiente ich mir immer nur ein Zubrot; ich habe es nie hauptberuflich gemacht. Mittlerweile war ich siebzehn Jahre alt, stand kurz vor meinem Abschluß in der Realschule und Düsseldorf wurde mir immer enger und unerträglicher. Der größte Vorteil, den diese Stadt zu bieten hat, ist ihre geographische Lage: Man ist schnell woanders – in Amsterdam, Paris, Italien oder Berlin. Aber all die kurzen Trips hatte ich schon hinter mich gebracht und sehnte mich danach, irgendwo von vorne anzufangen, weit weg von der geliebten Familie.

In Düsseldorf hatte ich zwei Schwule kennengelernt, Heiko und Dirk, und eines Tages teilten sie mir mit, daß sie nach Berlin ziehen würden und wenn ich wollte, könnte ich meine Sachen mit auf ihren LKW packen. Da wußte ich: Darauf hatte ich die ganze Zeit gewartet. Heiko war Bühnenbildner und Dirk Schauspieler, und natürlich hatte Model Holger im Kopf, in Berlin die Schauspielschule zu besuchen.

Meine Mutter dachte zuerst, ich mache Witze, als ich ihr erzählte, ich würde nach Berlin gehen. West-Berlin, genauer gesagt, denn die Mauer stand ja noch. Sie war völlig baff, als ich anfing, meine Koffer zu packen. „Und was wird aus der Schule?" fragte sie mich, denn ich stand ja kurz vor der Prüfung. Ich versprach ihr, nach meiner Bewerbung an der Schauspielschule zurückzukehren und meinen Abschluß zu machen.

So geschah es, daß ich mit Heiko und Dirk nach Berlin fuhr, meine Kisten in ihrem Keller unterstellte, mir einen Berliner Personalausweis besorgte und Monologe für die Prüfungskommission zu üben begann. Meine beiden Freunde halfen mir dabei.

Zu Hause in Düsseldorf war der kleine grüne behelfsmäßige Personalausweis West-Berlins auch mein Schutzschild gegen die Bundeswehr, die ich für eine Zumutung für jeden Schwulen halte. Nach und nach trudelten bei meinen Klassenkameraden die Musterungsbescheide ein. Ich aber war furchtbar stolz, mit dem kleinen grünen Ding in der Tasche über die Kö zu laufen und zu denken: „Bald habt ihr mich hier alle gesehen!" Von Berlin und der Schauspielerkarriere trennte mich nur noch mein Realschulabschluß, den ich auch zwei Monate später in der Tasche hatte.

Mein erstes Vorsprechen wurde ein Fiasko. Der Vorsitzende der Prüfungskommission hatte einen verdammt schlechten Tag und ließ mich gar nicht erst sprechen, sondern fragte gleich: „Sie wollen also Schauspieler in Berlin werden – und was ist mit der Bundeswehr?"

„Ich bin völlig legal vor meiner Erfassung …"

„Ja ja, schon klar!" unterbrach er mich. „Dann legen Sie mal los!"

Ich begann meinen Monolog zu zitieren, kam jedoch nicht mal bis zur zweiten Zeile.

„Danke, das genügt."

„Wie bitte?" fragte ich ungläubig.

„Wenn ich ein Ei anbeiße und merke, daß es in der Mitte faul ist, esse ich es auch nicht zu Ende!"

Was für eine Frechheit! Da saß also diese frustrierte Seele – sein Vater war ein angesehener Regisseur, und er hatte es nur bis zum Vorsitzenden dieser Prüfungskommission geschafft. Nun ließ er seine Launen an jungen Spunten wie mir aus, die das Ziel hatten, in Berlin Schauspieler zu werden.

Zumindest von der einen Hälfte meines Plans ließ ich mich nicht abbringen, und auch sein Eier-Spruch hielt mich nicht davon ab, an mich zu glauben. Abends saß ich bei Heiko und Dirk am Küchentisch und schimpfte: „Die werden schon noch sehen: Dieses Ei wird sich irgendwann auspellen, und dann dürfen es alle riechen!" Wie recht ich damit hatte, wußte ich an jenem Abend allerdings selbst noch nicht!

Meine erste Berliner Wohnung lag in Kreuzberg, in der Liegnitzer Straße 10, Hinterhaus. Es war das Jahr 1986, mein achtzehnter Geburtstag lag vor mir. Ich genoß dieses unglaubliche Gefühl von Freiheit, das sich trotz Mauer und Stacheldraht auf diesem seltsamen Eiland West-Berlin breitgemacht hatte. Kreuzberg platzte vor Leben und alle, die es im schnieken Westdeutschland nicht länger aushielten, alle, die glaubten, anders zu sein oder anders sein wollten, trafen sich hier: Bundeswehrflüchtlinge, Musiker, Schauspieler, Künstler, Anarchisten, Autonome. Manche waren alles in einem. Es war ein herrlicher Ort für mich, an dem ich meine Flügel ausbreitete und zum Flug in mein eigenes Leben ansetzte.

Mit allen möglichen Jobs hielt ich mich über Wasser, arbeitete als Fotomodell, Barmann, Verkäufer und für eine kurze Zeit sogar als Versicherungsvertreter. Die Nächte waren lang, die Tage sorgenfrei und der Sex reichlich! Was immer danach kam, diese ersten Jahre haben eine lebenslange Liebe zu Berlin begründet. Nirgendwo sind die Männer so geil und so wild und leben ihren Sex so frei wie in dieser Weltstadt im märkischen Sand. Und ich weiß, wovon ich rede!

Leider währte die Unschuld nicht lange. Es war die Zeit, in der die ersten Schwulen in Berlin an Aids verstarben, die Szene war verunsichert und wurde zunehmend resigniert. Heiko bekam eine Lungenentzündung, die auf seine HIV-Infektion zurückzuführen war, und wurde immer schwächer. Ich half Dirk damit klarzukommen, daß sein Lover wohl nicht mehr lange leben würde.

Gleichzeitig versuchte ich noch einmal, an der Hochschule der Künste einen Studienplatz zu ergattern. Heiko und Dirk halfen mir beim Proben meiner Monologe. Diesmal, das fühlte ich, würde ich es schaffen! Eine Woche vor dem entscheidenden Termin starb Heiko. Ich stand vor der Kommission und kämpfte mit den Tränen. Es gelang mir nicht, auch nur eine einzige Zeile aufzusagen, denn alles erinnerte mich an den verlorenen Freund.

Auch Dirk lebt nicht mehr. Er starb während meiner Zeit in Los Angeles. Sowie unzählige andere, die ich in jenen ersten Berliner Jahren kennen und lieben gelernt habe. Ich hätte gerne Dirk und Heikos Meinung zu meiner Pornokarriere gehört. Im Stillen weiß ich aber, sie wären begeistert gewesen.

Nach Heikos Tod brauchte ich erst einmal Abstand, und den verschaffte ich mir mit einer Reise nach New York. Es war Mitte August 1988, die heißeste Zeit des Jahres, die Zeit, in der New Yorker in Scharen aus der Stadt flüchten, weil die Schwüle unerträglich wird. Als ob das alles noch nicht genug wäre, begann auch noch die Müllabfuhr zu streiken! Es machte mir aber nichts aus. Ich war zwanzig, sah gut aus, und mir standen alle Türen offen.

Ich blieb ein halbes Jahr. Glücklicherweise kostete meine Wohnung in Berlin nur 200 Mark – das waren damals nicht einmal hundert Dollar, und die konnte ich mir mit kleinen Jobs in New York allemal verdienen.

In Manhattan lernte ich, mich ohne die Hilfe von anderen durchzuschlagen. Es ist viel leichter, Menschen kennenzulernen oder alte Gewohnheiten abzulegen, wenn man ganz auf sich gestellt ist. Niemand fragt nach, weil niemand weiß, daß man Dinge anders macht als vorher. Ich hätte auch später in Los Angeles niemals angefangen, Pornos zu drehen, wenn ich nicht allein und unabhängig gewesen wäre. Der Abschied von New York fiel schwer, aber mein Geld ging definitiv dem Ende entgegen, und in Berlin wartete ein Modeljob auf mich. Doch ich wußte, es würde mich zurück nach Amerika ziehen. Tatsächlich schaffte ich es in den folgenden Jahren immer wieder, doch knapp vier Jahre sollten vergehen, bis ich endgültig übersiedelte.

In diesen vier Jahren wurde aus der ersten Begeisterung für Berlin eine allmählich sich steigernde Unzufriedenheit. Die Modeljobs, die Nächte in den Bars vor und hinter dem Tresen – nichts füllte mich mehr richtig aus. Und um mich herum starben die Freunde. Dunkle Wolken zogen auf, und der freie Vogel, der ich eine Kindheit und Jugend lang gewesen war, begann das Fliegen zu verlernen. Immer häufiger breitete sich Langeweile aus in meinem Leben.

Es war einer jener eher langweiligen Abende in meiner Berliner Wohnung. Ich hatte mir von einem Freund eine kleine Videokamera ausgeliehen, um mich zu Hause beim Wichsen zu filmen. Das Stativ baute ich vor meinem Bett auf, stellte das Telefon ab und legte los. Zuerst spielte ich mit allerlei Seilen und Dildos, doch das genügte mir noch nicht. Schließlich griff ich zu ein paar Billardkugeln, die schon lange in meinem Schlafzimmer herumlagen. Jahre zuvor hatte ich sie aus einer Kneipe mitgehen lassen – eine schwarze Acht, die mich magisch angezogen hatte, und einen Cueball. Nie zuvor waren sie Teil meiner sexuellen Spiele gewesen, doch angespitzt von der laufenden Kamera begann ich, mir eine nach der anderen langsam in den After zu schieben.

Es war ein gelungener Höhepunkt meines ersten Videos. Mag sein, daß an diesem Abend die Lust entstand, mal einen richtigen Pornofilm zu drehen. Aber alles an diesem Abend war nur ein Spiel; das Video davon haben bis heute nur zwei Menschen auf dieser Welt gesehen. Ich hatte keine Ahnung, daß die Billardkugeln mir Jahre später in Hollywood zu Ruhm und Ehren verhelfen würden.

Zweites Kapitel
Hoch auf der Leiter

Es war höchste Zeit, Berlin zu verlassen. Von dem ganzen Umbruch nach der Wende hatte ich die Schnauze gestrichen voll. Alle, die mir lieb und teuer waren, lagen entweder auf dem Friedhof, auf einer Therapeutencouch oder sie hatten den gleichen Plan wie ich: Weg! Raus aus diesem Moloch, dessen Bewohner nicht mehr wußten, wie ihnen geschah.

Die Entscheidung fiel in einem einzigen Moment, genauer: um viertel nach zwölf an einem regnerischen Donnerstagnachmittag im Januar 1992 am Küchentisch. Ich war dabei, eine Postkarte an George zu schreiben, einen Amerikaner aus Washington D.C., den ich in Paris kennengelernt hatte. Auf Montmartre hatten wir ein paar Tage vögelnd in einem Hotelzimmer verbracht – eine heiße Urlaubsaffäre, mehr nicht. Während ich darüber nachdachte, was ich ihm schreiben sollte, machte es plötzlich „klick" in meinem Kopf, und ich dachte: Warum fliegst du nicht einfach rüber? Es war nicht das erste Mal, daß ich spontan eine längere Reise beschloß, aber noch nie zuvor hatte so ein Entschluß einen so dramatischen Einfluß auf meine Stimmung gehabt. Die Berliner Lethargie verwandelte sich plötzlich in hektische Betriebsamkeit. Als erstes rief ich George an und sagte ihm, er

45

solle sich für den nächsten Tag nichts zum Lunch vornehmen.

Dann, innerhalb einer knappen Stunde, hatte ich, pausenlos an mein Telefon geheftet, einen Untermieter für meine Wohnung gefunden. Eine weitere Stunde verbrachte ich damit, persönliche Dinge wie Fotos, Zeugnisse und Papiere in ein paar Kisten in einer Kammer auf dem Hausflur zu verstauen, die irgendwann einmal ein Außenklo gewesen sein mußte. Dann kam schon mein künftiger Untermieter. Wir setzten einen Vertrag auf, in dem ich ihm bis zu meiner Rückkehr so ziemlich meinen ganzen Besitz überließ: Stereoanlage, Fernseher, Bett und die paar übrigen Möbel. Alles, was ich von meiner Wohnung je wiedersehen sollte, waren die Kisten im Außenklo.

Es wäre mir aber auch egal gewesen, wenn ich damals schon gewußt hätte, daß ich Wohnung und Inventar verlieren würde. Denn die ganze Aktion hatte etwas ungemein Befreiendes, wie das Abwerfen von Ballast. Mein Untermieter bot sich an, mich zu meinem Reisebüro in Charlottenburg zu fahren, da war es früh am Nachmittag. Ich buchte einen Flug für den nächsten Morgen, 7.30 Uhr. Zeit zu packen hatte ich ja nachts noch genug. Von meiner Entscheidung, Berlin zu verlassen, bis zu meinem Abflug waren gerade mal neunzehn Stunden vergangen.

George war begeistert, als ich in Washington D.C. ankam. Am Flughafen begrüßte er mich mit einem Rosenstrauß, der so groß war, daß er ihn mit beiden Händen kaum greifen konnte, und einem *Welcome Holger!*-Schild. Ich war angenehm überrascht von dieser Begrüßung. Damit hatte ich wirklich nicht gerechnet. Dieser Mann meinte es offensichtlich ernst mit mir!

Da war ich also.

Wir fuhren in seine Wohnung im Südosten Washingtons. Sie lag mitten in einem Schwarzenviertel, und in den kommenden Monaten war ich nicht selten der einzige Weiße auf der Straße. Direkt gegenüber von unserem Haus lag eine Kaserne der US-Marines, und zum Frühstückskaffee genossen wir beide die Aussicht auf kahlrasierte junge Männer, die ihre Morgengymnastik verrichteten.

Über Georges Freunde lernte ich eine Lesbe aus Kalifornien kennen, die mir einen Job in ihrem Blumenladen anbot. So verbrachte ich bald meine Zeit damit, als illegaler Ausländer Gestecke für Regierungsessen und Blumensträuße für Botschaftsempfänge zu binden!

George engagierte sich sehr in Sachen Aids und Schwulenpolitik und schleppte mich mit zu diversen Aktionen von Act Up und Queer Nation. Schwulenpolitischer Aktionismus stand hoch im Kurs in jenen Tagen. Der Druck auf die abgehalfterte Bush-Regierung war enorm. Angesichts des massenhaften Sterbens mußten endlich die nötigen Gelder für die Forschung nach neuen Medikamenten und einem Impfstoff fließen. Alle hofften auf einen baldigen Regierungswechsel.

Äußerlich schien ich mich unendlich schnell an die USA zu gewöhnen. Rasch lernte ich die Feinheiten der englischen Sprache und wurde bald kaum noch als Ausländer erkannt. Es gab nichts, was ich wirklich aus Deutschland vermißte, weder das Bier noch das Brot, schon gar nicht die Raserei auf der Autobahn. Ich stellte mich problemlos um, von Schrippen auf Bagels, von Mittagessen auf Lunch, und beherrschte die amerikanischen Begrüßungsrituale schnell aus dem Effeff. Doch innerlich war ich noch dabei, mich zu orientieren. Ich hatte bald gemerkt, daß dieses neue Leben in seiner gloriosen Einfachheit noch nicht das war, wonach ich gesucht hatte.

Nun ist zwar eines meiner Talente, aus Dingen Spaß zu ziehen, die mir eigentlich nicht so liegen, aber auch diese Fähigkeit hat ihre Grenzen. Der Blumenladen war einfach langweilig, und das Zusammenstecken von Tulpen und Chrysanthemen lag mir nicht. Auch George war mit seinem Bürojob unzufrieden, und als der Herbst nahte, kreisten unsere Gedanken immer mehr um die Idee, es gemeinsam in einer neuen Stadt zu probieren. Schließlich fiel der erste Schnee, und es wurde uns klar: Es wird ein Neuanfang in Los Angeles sein – des Wetters wegen.

Wir kamen im Dezember an. Über einen Makler hatten wir ein kleines Häuschen in Echo Park gefunden, einem schnuckligen, wenn auch etwas heruntergekommenen Viertel zwischen Hollywood und Downtown Los Angeles. In unserem Garten standen Orangen- und Zitronenbäume, und unser Nachbar hatte eine Lichterkette in seiner Palme hängen. Andere hatten ihr ganzes Haus mit Lichtern dekoriert, was wohl weihnachtlich aussehen sollte, mich aber eher an einen schmuddeligen Dorfpuff erinnerte. Radio und Fernsehen bombardierten uns mit der Forderung, Hunderte von Geschenken mit Kreditkarte zu kaufen und erst im Februar zu bezahlen. In jedem Einkaufszentrum schwitzten Weihnachtsmänner bei 25 Grad in Rentierschlitten und küßten Kinder zu Tode – doch all das ließ mich völlig kalt. Ich konnte keinerlei Weihnachtsgefühle spüren angesichts dieses Wetters. Heiligabend telefonierte ich dann mit meinem Bruder von der Terrasse aus und erzählte ihm, unsere Orangen würden langsam reif. Er flippte völlig aus, aber ich hatte mich in ein paar Wochen schon so an das Klima gewöhnt, daß es mir völlig normal vorkam.

Weihnachten ging vorüber, und langsam aber sicher beschlich mich das Gefühl, daß der Umzug der Beziehung zwischen George und mir nicht besonders guttat. Wir hatten beide keine Arbeit, kaum Möbel in unserem Drei-Zimmer-Haus, und wir langweilten uns zu Tode. Zu allem Übel fing es auch noch an zu regnen. Drei Monate lang! Wir saßen zu Hause und begannen, uns fürchterlich auf die Nerven zu fallen.

„Warum probieren wir es nicht mal mit Porno, schließlich sind wir in L.A.! Da ist bestimmt Geld zu verdienen", schlug ich vor.

George schaute mich an, als hätte ich ihm gerade eine Geschlechtsumwandlung vorgeschlagen.

„Dann eben nicht", sagte ich und widmete mich wieder dem Fernseher.

In diesen depressiven Wochen nach Weihnachten wurde mir langsam klar: L.A. ist die völlig falsche Stadt, um gemeinsam neu anzufangen. Wer in Kalifornien eine erfolgreiche schwule „Familie" gründen will, sollte nach San Francisco ziehen. Die Mischung aus Weltoffenheit und Beschaulichkeit, aus subkultureller Avantgarde und liberalem Bildungsbürgertum in der Stadt am Golden Gate ist ein idealer Humus für Zweierkisten. Es ist so einfach dort: Erst renoviert ihr gemeinsam ein viktorianisches Häuschen im Castro und sucht die passenden Pflanzen für die Sonnenterrasse dazu aus. Sonntags ladet ihr Gäste zu entkoffeiniertem Kaffee und Selbstgebackenem ein. Nach spätestens einem halben Jahr findet sich ein spiritueller Lehrer, so transzendent wie transsexuell, der oder die sich bereit erklärt, ein heidnisch-pansexuelles Paarungsritual unter dem Einfluß von psychedelischen Drogen für euch durchzuführen. Danach adoptiert ihr wahlweise einen Hund aus dem Tierheim oder ein sozial-benachteiligtes Kind mit multikulturellem Background und nehmt Kurse in Orgasmus-Atmen gegen den drohenden Verlust an sexueller Energie in eurer Beziehung. Sollte es trotz alledem nicht klappen, hattet ihr definitiv ein inkompatibles Karma.

In Los Angeles läuft das anders. Entweder ihr beide habt Karrierejobs, dann trefft ihr euch nach einem halben Jahr höchstens noch zufällig auf der gleichen Cocktail-Party und überlegt, woher ihr das Gesicht kennt. Oder ihr habt keine Karrierejobs – dann hängt ihr vierundzwanzig Stunden am Tag aufeinander, bis ihr euch wünscht, ihr hättet dieses Gesicht da drüben am anderen Ende der Couch niemals kennengelernt.

Dazwischen gibt es nichts: kein Ausgehen, kein zufälliges Treffen von Bekannten, kein „ich gehe mal eben um den

Block!" In dieser Megalopolis kommst du ohne Auto nicht einmal bis zum nächsten Supermarkt. Ihr beide seid gefangen in eurem kleinen Haus in einer endlosen See von kleinen Häusern. Selbst die nächste Kneipe ist mindestens zwei Autobahnausfahrten entfernt – aber immer noch im gleichen Stadtteil, wohlgemerkt. George und ich hatten nur einen Wagen und waren völlig aufeinander angewiesen.

An jenem Sonntagnachmittag fuhren wir mit eben jenem Wagen los und betranken uns auf einem *beerbust* – einer Art Happy Hour mit reichlich Alkohol – in einer Homobar in Silverlake. George wollte gehen, ich wollte bleiben, und wieder einmal begann ein sinnloser Streit. Wir stritten auf dem Weg nach Hause, wir brüllten uns in der Wohnung weiter an, und längst ging es nicht mehr um ein Bier mehr oder weniger, sondern darum, endlich einen Grund zu finden, sich zu trennen.

George verlor als erster die Nerven und griff nach einer Schreibtischlampe, die er mir mit Schwung über den Kopf schlug. Ich sah rot. Ich sah wirklich rot, denn ich blutete wie ein Bekloppter. Da war es aus für mich! Mit der Kraft eines wildgewordenen Stiers schleuderte ich George zu Boden und trat und trat immer wieder auf ihn ein, während mein Blut in dicken Tropfen auf sein Hemd und seine Hose klatschte. Sein Schreien erstarb und ging in ein Wimmern über, bis ich schließlich von ihm abließ. Noch völlig in Rage griff ich nach meiner Jacke, knallte die Haustür hinter mir zu, zog eine Blutspur quer über den Bürgersteig, schnappte mir den Wagen und raste los.

Ich fuhr zu Jeffrey, einem der wenigen Bekannten, die ich damals in Los Angeles hatte. Jeffrey stellte keine Fragen; wahrscheinlich hatte er etwas Ähnliches schon kommen sehen. Schließlich war es nicht der erste Streit zwischen George und mir. Wir fuhren in eine Erste-Hilfe-Klinik, wo man meine Kopfwunde mit zwei Stichen verarztete, und Jeffrey holte auf meine Bitte hin meine Sachen aus dem Haus in Echo Park. Ich habe nie wieder einen Fuß über diese Schwelle gesetzt.

Nur ein einziges Mal traf ich meinen Ex-Freund nach diesem peinlichen Ehedrama wieder, in dem wir beide so völlig den Kopf verloren hatten. Ich stand in einem Sexclub mit ein paar Freunden und beobachtete eine Szene in einer Fickschaukel, die sich in der gegenüberliegenden Ecke des Raumes abspielte.

Es war einer jener traurigen Momente, die man immer wieder in solchen Sexclubs erleben kann. Ein Typ lag nackt auf der Schaukel und war mit seiner eigenen Poppersflasche so beschäftigt, daß er nicht einmal merkte, daß sein Sexpartner über ihm eingeschlafen war. Ich wollte mich gerade wegdrehen, als ich den Mann mit der Poppersflasche wiedererkannte: Es war George!

Also ging ich zu ihm hin und sagte leise: „He, der Typ ist auf dir eingeschlafen!"

Ich tat es aus Freundschaft. Sollte mir jemals eine so peinliche Situation in der Öffentlichkeit passieren, ich würde hoffen, daß jemand zu mir käme, um mich da rauszuretten. Ich hätte jedoch wissen müssen, daß George eine Scheibe hat und mein Hilfsangebot völlig falsch verstehen würde. Noch immer unter seinem schnarchenden Partner begraben, drehte er den Kopf zu mir und schrie: „Wie kannst du es wagen zu behaupten, ich schläfere hier die Leute ein?"

O mein Gott! Das hatte ich also davon, daß ich nett sein wollte. Wie eine Furie brüllte er durch den Laden: „Diese Stadt ist nicht groß genug für uns beide!"

„Warum haust du dann nicht einfach ab?" war alles, was mir daraufhin noch einfiel. Wie ich später erfuhr, war es genau das, was George ein paar Wochen später auch tat. Er ging zurück nach Washington D.C. Ich aber spürte, daß mir Los Angeles noch einiges zu bieten hatte.

Jeffrey besaß ein kleines Gartenhäuschen, in dem ich nach meinem Streit mit George erst einmal unterkommen konnte. Ich fing an, mit ihm zu malern. Wir bauten auch Zäune und Terrassen und verrichteten Gartenarbeiten. Jeffrey und

ich waren die geborenen Nudisten und bei jeder Gelegenheit nackt in Haus und Garten. Wenn wir von den Hausbesitzern alleine gelassen wurden, malerten wir auch ohne Kleider. Ich genoß diese Wochen; sie gehörten zu den schönsten und unbeschwertesten während meiner ganzen Zeit in Los Angeles.

Bald aber mußte Jeffrey ausziehen, weil sich die Miete verdoppelte, und beschloß, für ein paar Monate nach Paris zu gehen. Ich fand ziemlich rasch ein Apartment in Hollywood, im Fontenoy Tower in Whitley Avenue, doch mußte ich noch eine Weile warten, bis es fertig renoviert war.

Wieder half mir der Zufall. Ein Bekannter namens Billy besaß eine leerstehende Zweitwohnung gleich neben seiner, in der er mit seinem Partner lebte. Dort kam ich also unter. Das Häuschen lag in Venice Beach, nur eine Minute vom Pazifischen Ozean entfernt. Sechs Wochen lang lebte ich direkt am Strand. Es war traumhaft, und ich genoß die Zeit in vollen Zügen.

In Venice Beach gab es eine kleine Homokneipe, den *Roosterfish*. Eines Nachmittags lernte ich bei einem Bier einen gewissen Craig kennen. Er sprach mich an, ob ich nicht Lust hätte, mit einem Haufen seiner Freunde bei ihm zu Hause Darts zu spielen. Ich mochte seine offene und direkte Art und sagte zu. Craig konnte sich den Namen Holger nicht merken und fing an, mich Wolff zu nennen. Ich mochte meinen neuen Namen, und so wurde ich Wolff.

Eines Nachmittags während Happy Hour kam im *Roosterfish* das Gespräch auf Porno. Ich beichtete Craig, daß ich schon lange Lust hatte, einmal in einem Pornofilm mitzuspielen.

„Das ist doch überhaupt kein Problem! Ich stelle dich einfach mal John Coletti vor. Ihm gehören die Fox Studios hier in Venice Beach."

Ich war baff. Da hatte ich mich plötzlich schneller auf den Weg ins Pornobusineß manövriert, als ich dachte. Craig griff zu seinem Handy, wählte Johns Nummer, redete kurz mit ihm, reichte den Hörer an mich, und wir machten gleich einen Termin für den nächsten Tag aus. Da war sie nun: meine Chance! Nimm sie wahr, oder laß es bleiben.

Als Craig und ich uns am nächsten Tag auf den Weg zu Coletti machten, war ich aufgeregt wie ein Erstkläßler. „Hätte ich doch bloß meinen Mund gehalten!" dachte ich und hatte plötzlich überhaupt keine Ahnung mehr, ob ich das alles wirklich wollte. Craig tätschelte meinen Schenkel und lachte. „Keine Angst, er beißt nicht!"

Wir kamen an, und ein Herr um die Vierzig mit einem sympathischen Lächeln öffnete die Tür. Aha, so sieht also ein Pornoproduzent aus! Ich wußte nicht, ob und wie ich mir jemals einen vorgestellt hatte, aber Coletti war anders. Viel zu nett!

Es war ein sonniger, warmer Tag, und wir gingen zu dritt auf die Terrasse. Craig und John tauschten Nettigkeiten aus, und ich beruhigte mich langsam. Dann wandte sich der Herr Produzent an mich: „Würde es dir etwas ausmachen, dich auszuziehen?"

Es machte mir wirklich nichts aus. Ich legte mein T-Shirt ab, ließ die Hosen fallen und drehte mich für Coletti einmal im Kreis.

„Danke schön, … ähm …. ", verlegen suchte er nach meinem Namen.

Ich wollte ihm auf die Sprünge helfen, aber Craig fiel mir ins Wort:

„Wolff, nenne ihn einfach Wolff."

„Danke schön, Wolff. Hat Wolff einen Nachnamen?"

„Keinen Nachnamen! Einfach Wolff, mit zwei F", sagte Craig.

Coletti machte keine Polaroids wie sonst üblich und sagte, er würde sich auf jeden Fall melden. Und schwupps, standen wir schon wieder draußen auf der Straße. So schnell ging das!

Zwei Wochen später war meine Wohnung im Fontenoy Tower bezugsfertig. Das Art Déco-Gebäude gleich am Hollywood Boulevard wurde in den zwanziger Jahren als Hotel gebaut und in den Vierzigern zu Wohnungen umgewandelt, in denen seither viele Künstler und Möchtegern-Künstler unterkamen. Mit einem Schlag lebte ich also inmitten von Stars und Sternchen.

Am ersten Tag fragte man mich gleich, ob ich nicht lieber die ehemalige Wohnung von Johnny Depp hätte, aber die war damals nicht ganz meine Preisklasse. Im Fahrstuhl traf ich regelmäßig den Sänger der *Red Hot Chili Peppers*, der seine Freundin im obersten Stockwerk besuchte. Und einmal sah ich Fabio, Coverboy unzähliger Groschenromane und Traum amerikanischer Hausfrauen, mit seinen triefigen, schulterlangen Haaren aus dem Haus kommen. Fabio hatte damals gerade in einer Margarine-Werbung den Satz: *„I can't believe it's not butter!"* zum besten gegeben. Ich schrie ihm natürlich eben diesen Satz auf der Straße hinterher, und seinem Blick nach zu urteilen, war er davon nicht sehr angetan.

Der Fontenoy Tower ist ein Gebäude mit einer langen Geschichte, und man erzählte sich von Selbstmordtragödien in den frühen Tagen Hollywoods. Mit seinen vierzehn Stockwerken ist es noch heute eines der höchsten Häuser ringsum. Auf dem Dach leuchtet eine rote Neonreklame mit dem Schriftzug „Fontenoy". Dort saß ich oft und fühlte mich wie in einer bunten Szene aus *Mary Poppins* mit 360 Grad Blick über Hollywood, Century City, die Berge und L.A. Die traumhaftesten Sonnenuntergänge habe ich dort erlebt, eingefärbt vom Smog der Großstadt in den schrillsten Pink-, Lila- und Orange-Tönen.

Nach meinem Umzug war ich erstmal wieder pleite, und mit einem Bekannten namens Christian begann ich wieder Malerarbeiten anzunehmen. Unser erster Job führte uns nach Beverly Hills in das Haus der Schauspielerin Winona Ryder.

Ich saß oben auf einer Leiter, hatte gerade Winonas Decke mit einem Spezialanstrich versehen und hörte mit Christians Handy meinen Anrufbeantworter ab. Die einzige Nachricht war von John Coletti mit der Frage, ob ich noch am gleichen Abend Zeit hätte, in Venice Beach meinen ersten Pornofilm zu drehen.

Ich ließ den Pinsel fallen, stieg von der Leiter und rief ihn sofort an.

„Du solltest heute nachmittag noch in ein Sportstudio gehen und dich aufpumpen!" sagte er.

„Ich streiche gerade die Decke von Winona Ryder. Einen besseren Workout kann man ja wohl nicht haben!"

Nach der Arbeit fuhr mich Christian raus nach Venice Beach. Ich war furchtbar aufgeregt und hatte keine Ahnung, was mich dort erwartete. Mein Partner in Colettis kleinem Studio war ein Hetero namens Mikel Karr, dem der Mittelfinger an der rechten Hand fehlte und der ein Problem damit hatte, mich anzufassen, weil ich schwul bin. Ich wußte sofort, daß ich auf seine Hilfe nicht zählen konnte. Ich war ganz auf mich alleine gestellt. Aber es funktionierte: zwei, drei Minuten Fummelei an mir selbst, und ich stand wie eine Eins!

Außer ihm und Coletti, der selbst drehte, war niemand im Raum. Das war ein großes Glück für mich, ohne daß ich es damals richtig begriffen hätte. Im Unterschied zu Coletti nämlich, der aus seinem Hobby einen Beruf gemacht hatte, arbeiten die großen Firmen mit einem ganzen Stab an Leuten: Make-up-Künstlern, Licht- und Tonmenschen, Kamera-Assistenten und Best Boys. Ich erlebte Sets mit mehr als dreißig Menschen um mich herum. Hier war aber alles anders. Wir befolgten einfach Colettis Ansagen, und die Stunden vergingen.

Ich merkte sofort, daß Porno nichts mit einer geilen Sexorgie zu tun hatte. Alle paar Minuten wechselten wir für einen neuen Kamerawinkel die Positionen und wichsten in den Pausen alleine vor uns hin, um steif zu bleiben. Der Dreh verlief reibungslos, aber er war überhaupt nicht erotisch oder geil. Wir arbeiteten einfach durch, und mein Kollege beachtete mich dabei gar nicht, was es nicht gerade einfacher für mich machte. Ich habe diesen ersten Film von mir – er heißt *Barnstorm* – nie gesehen, und weiß bis heute nicht, wie ich darin rüberkomme. Spät in der Nacht war die Session vorbei, und Coletti fuhr mich nach Hause.

In meinem Apartment mußte ich mir zuallererst einen runterholen, denn der Sex vor der Kamera hatte mich nicht die Bohne befriedigt. Es war weit nach Mitternacht, und ich lag hellwach im Bett und konnte nicht zur Ruhe kommen. Meine Gedanken kreisten um diesen Hetero. Wie konnte er nur in einem schwulen Porno mitspielen? Wenn er bei mir einen hochbekam, mußte er dann nicht wenigstens bisexuell sein? Hatte mich dieser Dreh nun abgeschreckt oder angetörnt? War dieser Job wirklich etwas für mich? Den Kopf voller Fragen schlief ich dann doch schließlich ein.

Am nächsten Tag begutachtete Winona ihr frischrenoviertes Haus und war sehr zufrieden mit unserer Arbeit. Ich fuhr frohgemut heim. Noch am gleichen Abend rief mich Coletti an, um zu sagen, wie begeistert er von meinem ersten Dreh war. Und nicht nur er! Coletti hatte ein paar Szenen einem befreundeten Regisseur gezeigt, der mich sofort für sein neues Projekt engagieren wollte. Der Film sollte *Captain Stud and His Seamen* heißen. *Seamen* ist das englische Wort für Matrosen, klingt aber genauso wie *semen*, Samen also. So lustig und kreativ sind die Leute manchmal in der Pornoindustrie! Ich überlegte nicht lange und sagte zu.

Drittes Kapitel
The Boat from Hell

 Mit elegantem Schwung setzte der weiße Cherokee Jeep in die Parklücke vor 1811 North Whitley Avenue. Es war noch früh am Morgen, doch die kalifornische Sommersonne brannte schon heiß vom wolkenlosen Himmel. Der Typ am Steuer besaß das strahlende Lächeln und die schneeweißen Zähne einer Wrigley-Spearmint-Reklame und grinste mich unverschämt freundlich an. Ich grinste zurück, denn der junge Mann war mir durchaus sympathisch.

Als ich einstieg, fiel sein Blick sofort zwischen meine Schenkel. Ich trug knallenge Turnshorts, die keine Fragen offenließen. Meine Augen hingegen hefteten sich erstmal auf seine schwarzweißen Kuhsitzbezüge, die überall sonst auf der Welt lächerlich gewirkt hätten – nicht aber in Hollywood.

Er sah mir in die Augen, dann wieder zwischen die Beine, dann wieder in die Augen. *„Bastard!"* entfuhr es ihm. Er sagte dieses Wort auf die liebenswürdigste Art, die man sich nur vorstellen kann. „Bastard" sollte unser gegenseitiger Kosename werden, den wir immer benutzten, wenn wir unter uns waren. Ich wußte sofort, die Fahrt nach San Diego würde noch lustig werden.

Das war meine erste Begegnung mit Tanner Reeves, einem Pornokollegen, der mir während meiner gesamten Zeit im Busineß ein guter Freund blieb. Wie schon einiges zuvor wurde auch dieses Treffen von John Coletti vermittelt, denn Tanner und ich waren beide für *Captain Stud and His Seamen* gecastet – wenn auch nicht für eine gemeinsame Session am Set.

In der Autostadt Los Angeles ist es nicht ungewöhnlich, daß Pornokollegen zusammen zum Dreh fahren, doch gute Regisseure achten darauf, keinen *carpool* mit Darstellern zusammenzustellen, die später vor der Kamera miteinander ficken sollen. Mehr noch: Die künftigen Paarungen werden von erfahrenen Produzenten sogar in verschiedenen Hotels untergebracht und soweit wie möglich voneinander ferngehalten. In erster Linie hilft das, die sexuelle Spannung am Set aufrechtzuerhalten, denn es scheint von Vorteil zu sein, wenn die Darsteller nicht viel Zeit vor dem Dreh zusammen verbringen. Nicht nur bleibt die Anziehung größer, man verhindert auch Geschehnisse wie bei einem Catalina-Video-Dreh, über den die ganze Branche noch Jahre später sprach.

Catalina hatte die beiden Hauptdarsteller eines neuen Streifens im gleichen Hotel untergebracht. Die beiden verabredeten sich am Vorabend des Drehs in der Hotelbar, tranken wohl auch einen zusammen und lernten sich hassen. Gegen Mitternacht, neun Stunden vor Drehbeginn, flogen in der Bar die Fäuste. Übrig blieb ein blaues Auge und zwei Pornostars, die für den Film nicht mehr zu gebrauchen waren. Catalina ging ein ganzer Drehtag verloren, die Kameracrew bestand auf voller Bezahlung, neue Darsteller mußten her. Kurz: Es war teures Lehrgeld, und der ganze Zeitplan lag quer überm Haufen.

Das Produktionsteam von *Captain Stud* kannte die Catalina-Story wohl nicht, denn wir wurden alle in San Diego im gleichen Hotel in der Nähe des Hafens untergebracht.

Die zwei Stunden im Auto mit Tanner vergingen wie im Fluge, eine erotische Anspielung hatte die nächste gejagt, und als es um die Aufteilung der Zimmer ging, war klar: Wir beide würden uns ein Doppelzimmer teilen. Wir waren aufgeheizt und hatten noch nicht die Taschen ausgepackt, da lagen wir auch schon auf dem Bett und begannen „miteinander zu spielen", wie die Amerikaner so gerne zu sagen pflegen. Nach ein paar Minuten fummelte Tanner irgendwie ein Gummi hervor, zog es über und setzte zum Stoß an. Er fickte wahrlich nicht schlecht. Und zwischendurch unterhielten wir uns sachlich professionell über den Drehplan der kommenden Tage. Tanner hatte gleich am nächsten Morgen seine einzige Sexszene, und wir beschlossen, daß er nicht abspritzen sollte. Ich hingegen war erst am zweiten Tag dran und durfte kommen, wenn ich wollte.

Ich wollte.

Es heißt, du sollst einige Tage vor dem Dreh nicht abspritzen. Erstens natürlich, weil dich das geiler macht. Zweitens aber sorgen ein paar Tage Enthaltsamkeit für weißes und dickflüssiges Sperma. Wer öfter abspritzt, dessen Sperma wird dünn und durchsichtig. Kein Problem für den Sex, wohl aber für die Kamera. Auf Video kommt nur das milchigklumpige zur Geltung; wäßrig und klar sieht einfach nicht gut aus. In der Gilde der Hollywood-Pornostars machen deshalb auch reichlich Geheimrezepte die Runde. Ein Kollege zum Beispiel schwört auf eine eiweißreiche Diät mit viel Milch und Sellerie, die die Spermabildung anregen soll.

Ich spritzte ab, und Tanner riß sich zusammen. Ein echter Profi! In dieser Nacht blieb das zweite Bett unangetastet; wir schliefen eng aneinander gekuschelt ein. Um sieben Uhr morgens klingelte der Wecker. Ich durfte mir, im Unterschied zu Tanner, ein reichliches Frühstück genehmigen, denn vor dem Dreh kannst und willst du dich natürlich nicht vollstopfen, besonders dann nicht, wenn du dich später als *bottom*, als Passiver also, stundenlang der Penetration hingeben sollst. Aber Gott sei Dank war ich ja an diesem ersten Drehtag nur für ein paar Dialogszenen vorgesehen.

Kurz nach neun Uhr machte sich die ganze Crew auf den Weg zum Hafen, wo das Boot lag, auf dem Kapitän Stud und seine Seeleute sich in den folgenden Tagen den Freuden der unchristlichen Seefahrt hingeben sollten. Wir gaben den Eignern der Jacht – zwei angesehenen Ärzten und Freunden des Regisseurs – brav Händchen. Die Herren Bootseigner waren aufgeregter als wir. Für eine Tagesmiete stellten sie ihr Schiff zur Verfügung und durften dafür einem echten Pornodreh beiwohnen.

Dem Kahn fehlte es an keinem Luxus: zwei große Schlafzimmer, ein Wohnzimmer, Küche und Bad – ich kannte kleinere Wohnungen. Mit den beiden Ärzten und der Filmcrew waren jedoch fünfzehn Mann an Bord, und dafür war die Jacht dann doch nicht ausgelegt.

Der Drehtag begann mit dem Filmen der Dialoge, kleinen Häppchen für die Storyline, die das Bettgeschehen zusammenhalten. Die meisten dieser Sequenzen werden später nachsynchronisiert, ein echtes Dialog-Drehbuch ist selten. Die Szenen gingen rasch voran, und nach dem Mittagessen wollte unser Regisseur mit dem Sex anfangen. Damit begann der Ärger. Unsere Gastgeber bestanden nämlich darauf, die Vögelei außerhalb der amerikanischen Hoheitsgewässer zu drehen, und das hieß: Anker frei und Leinen los!

Kaum war der Hafen außer Sichtweite, verteilte unser Regisseur Tabletten gegen Seekrankheit. Was aber keiner wußte: Die Pillen sollten eigentlich eine Stunde vor dem Betreten des Bootes genommen werden. Für unseren Kameramann kamen sie also zu spät. Die erste Sexszene war drehklar, da legte er die Kamera plötzlich zur Seite und erbrach sich. Das war nicht ausgesprochen erotisch, doch noch tat es der Stimmung am Set keinen Abbruch. Kleine Pause, ein Glas Wasser für den Kameramann und weiter ging der Dreh.

Nach knapp zwei Stunden auf dem schaukelnden Kahn, fünfzehn Seemeilen vor der kalifornischen Küste, war die erste Szene im Kasten. Ein Kollege fragte nach einem Handtuch, um sich sein *pearl necklace* vom Hals zu wischen – mit diesem schönen Wort bezeichnet der Pornoprofi das auf die Brust gespritzte Sperma: eine Perlenkette! –, der Regieassistent reichte ihm ein herumliegendes Tuch, der Kollege griff beherzt zu und begann im nächsten Moment entsetzt zu schreien. Wir eilten herbei und sahen den Grund: In das gleiche Tuch hatte sich zuvor schon unser Kameramann erleichtert! Ehrlich gesagt, es fiel den versammelten Homos ziemlich schwer, schockiert zu tun. Wir machten uns vor Grinsen beinahe in die nicht vorhandenen Hosen. *Schadenfreude* nennen das die Amerikaner und wissen meist nicht, aus welcher Sprache das Wort stammt.

Captain Stud and His Seamen war mein zweiter Film, und bei keinem anderen lernte ich mehr über die kleinen Tricks, Mißgeschicke und Katastrophen bei der Arbeit am Pornoset. Das lag zum einen an dem überforderten Regisseur, dessen erster und letzter Film das übrigens war. Zum anderen lag es natürlich an der Enge, die auf dem Schiff herrschte, und daran, unter Zeitdruck fickenderweise in internationalen Gewässern herumzuschippern. Je länger der Dreh dauerte, um so mehr schienen auch die beiden reichen Ärzte zu bedauern, was sie getan hatten. Tatsächlich mußte Produzent Coletti einige Szenen in Los Angeles zusätzlich drehen, um aus dem abgegebenen Material überhaupt ein verkaufsreifes Video schneiden zu können.

Tanner und ich hatten beschlossen, uns aus all den Querelen rauszuhalten. Wir lagen die meiste Zeit auf dem Vorderdeck in der Sonne, pflegten unseren Teint und schauten den Delphinen zu, die in Scharen unserem Boot folgten. Dabei sprachen wir natürlich auch über die Arbeit, und da ich ja noch Anfänger war, hörte ich Tanners Tips und Tricks gerne zu und lernte eine Menge.

Schon bei meinem ersten Dreh hatte ich allerdings gehört, was *cheating to the camera* bedeutet – in etwa: „für die Kamera schummeln". Beim Analverkehr müssen die Körper der beiden Darsteller voneinander leicht abgedreht sein, um einen 45-Grad-Winkel für die Kamera freizugeben. Ähnlich ist es beim Küssen und Blasen. Du mußt deinen Körper schrägstellen, damit die Kamera die Action festhalten kann. Zumindest beim Küssen kämpfen alle Filmschauspieler mit diesem Problem.

Überhaupt unterscheidet sich das Maß der Schummelei bei einem Pornofilm nicht sehr von dem einer gewöhnlichen Hollywood-Produktion – angefangen bei der banalen Tatsache, daß die einzelnen Teile einer späteren Szene ganz und gar nicht am Stück aufgenommen werden. Es ist durchaus normal, den Eingangsdialog und den Oralsex montags und den Fick samt Abspritzen dienstags zu drehen. Für den Zuschauer sind es am Ende fünfzehn Minuten heißer Sex.

Beim Orgasmus zoomt die Kamera natürlich ganz nah auf den Schwanz, um ja nichts zu verpassen. Schließlich ist das Abspritzen – der *cum shot* – der wichtigste Teil der gesamten Arbeit. Erst danach kommt der *face shot*. Also schließt du die Augen, konzentrierst dich auf das Gefühl, das du vor ein paar Minuten hattest, und spielst es nach. Ich empfehle jedem, es zu Hause einmal selbst auszuprobieren. Einen Orgasmus kurz nach einem Orgasmus vorzutäuschen gehört zu den dämlichsten Momenten, denen ein Pornodarsteller ausgesetzt ist. Aber es ist die tägliche Routine. Ich selbst bin mir immer reichlich blöde dabei vorgekommen. Und bis heute erscheint mir jede Szene in einem Porno, in der ich ein Gesicht beim Orgasmus sehe, übertrieben und gestellt.

Immer wieder kommt es vor, daß einer der Darsteller partout nicht abspritzen kann. Dann greifen die Regisseure zur Attrappe. Es funktioniert so: Du nimmst einen Dildo in die Hand, läßt deine Eier durch die Finger schlüpfen und drückst sie gegen das Ende des Dildoschafts. Schon erkennt kaum jemand, daß dieser Schwanz nicht dein eigener ist. Der Dildo ist innen mit einem Schlauch präpariert, der zur Spitze der Kunsteichel führt. Am anderen Ende des Schlauchs

wird nun eine Spritze angebracht, die mit Ersatzsperma gefüllt wird. Das gängigste Rezept ist eine Mischung aus Körperlotion und Babyöl – von echtem Sperma kaum zu unterscheiden. Auf ein Zeichen des Regisseurs setzt dein Stöhnen ein, und auf ein zweites Zeichen läßt ein Assistent dein Ersatzsperma aus deinem Ersatzschwanz schießen. Gut gemacht, ist das von einem echten Orgasmus nicht zu unterscheiden. Oder wie oft hast du den Unterschied gemerkt?

Zu erkennen ist es manchmal an der Menge dessen, was da rausschießt. In der Hitze des Gefechts neigen einige Regisseure zum Exzeß. Übertroffen wird das nur noch von der Gutgläubigkeit der Pornokonsumenten. Kein Gedanke an das, was physiologisch machbar ist, nur ein: „Wow, schau mal, wie der spritzt!" Das Abspritzen in den Mund ist natürlich tabu im modernen Schwulenporno; man sieht aber gelegentlich Videohüllen, auf denen solche Szenen abgebildet sind. Da war dann sicherlich ein Dildo am Werk.

Hat ein Darsteller nicht die nötige Größe, um den anderen *doggie style*, von hinten also, sagen wir auf einem Billardtisch zu vögeln, hilft häufig eine einfache Apfelkiste, um den *top*, den Aktiven, auf Höhe zu bekommen. Selten ist das nicht (Jeff Stryker ist ja auch kein Riese). Problematisch ist es schon, denn zum Pornogeschäft gehört es, dem Zuschauer zu vermitteln, daß da zwei Männer zusammengehören und perfekt aufeinander abgestimmt sind.

Kannst du dir vorstellen, wie seltsam es ist, wenn man mit halbgeschlossenen Lidern und halbgeöffneten Lippen, die Zungenspitze verführerisch in den Mundwinkel gedrückt, nach hinten auf einen Zwerg schaut, der versucht, gleichzeitig seine Erektion in deinem Hintern und sein Gleichgewicht auf einer Apfelkiste zu halten? Da heißt es: Contenance wahren und dem Zuschauer die Illusion des perfekten Paares liefern.

Manchmal stehen auch beide Darsteller auf Apfelkisten. Zum Beispiel, wenn die Kamera Analverkehr von unten filmt. Die zweite Möglichkeit für diesen Schuß ist ein Spiegel, der zwischen die beiden auf den Boden gelegt wird. Die Kamera filmt dann das Spiegelbild ab. Das sind beides sehr ungeile Stellungen, die nur mit viel sexueller Fantasie zu meistern sind. Das Wichtigste in solchen Situationen ist, nicht der Komik zu erliegen: Denke an die Arbeit, oder, falls er dir gefällt, an den Typen, der dich da fickt.

Aber zurück zu *Captain Stud*: Auf dem Boot blieb mal wieder die Arbeit stecken. Der Regie-Assi hatte sich auf den Weg zum Vorderdeck gemacht, um mich zu fragen, ob ich für einen der Darsteller „fluffen" könnte. Im ersten Moment wußte ich nicht so recht, was er damit meinte, aber Tanner nickte mir in einer Art zu, die wohl bedeutete: „Geh schon, das wird dir Spaß machen."

Einer der *seamen* von Captain Stud war vor der Kamera einer Erektionsschwäche erlegen. Kein Drama als solches, denn dafür gibt es ja die „Fluffer" (man spricht es „Flaffer" aus, und es ist noch in keinem Duden). Im Grunde heißt der Begriff nichts anderes, als Kollegen, die Probleme haben, an einem abgelegenen Ort das nötige Standvermögen zurückzugeben. Ein unbezahlter Job am Set, aber einer, der fortan zu meinen Lieblingsbeschäftigungen gehörte. Ich verschwand mit dem jungen Blonden in der Kombüse, und zwischen Töpfen und Pfannen bekamen wir sein Problemchen schnell in den Griff.

Fluffen ist vielleicht das Liebenswerteste, was ein Pornoset zu bieten hat. Es ist eine Mischung aus Kameradschaft, Hilfsbereitschaft und wirklicher Geilheit, eine offene Art, miteinander umzugehen, die ich außerhalb der Pornowelt allzuoft vermisse. Wer hört, ein Fluffer wird gebraucht, und Zeit hat, kann sich überlegen, ob er aushilft. Oder, du sagst deinem Regisseur, wen du gerne als Fluffer hättest. Der geht dann zu demjenigen hin und fragt nach. Selten sagt jemand nein, schließlich kann es einem selber mal genauso gehen. Was ein Darsteller und sein Fluffer in der Abgeschiedenheit miteinander treiben, ist ihre Privatsache. Da redet niemand rein.

Fluffen schafft ein Prickeln am Set, ohne das viele Filme nicht halb so gut geworden wären. Und für die Promotions-Fotos, die meist am Anfang eines Drehs aufgenommen werden, sind Fluffer Gold wert. Bei den Promo-Fotos – im Fachjargon *stills* genannt – bist du mit dem Fotografen allein – meistens einem Typen, der dich sexuell nicht die Bohne anmacht. Selten ist der Reiz, daß du von ihm beobachtet wirst, stimulierend genug, um in aufrechter Haltung zu bleiben. Die Rettung heißt Fluffen. Ich habe viele Fotos gesehen, die nur so gut geworden sind, weil einer aus der Produktion als Fluffer hilfreich zur Seite stand.

Spät am Nachmittag kam einer der Best Boys zu uns aufs Vorderdeck, um Tanner für seinen Dreh zu holen. Leider brauchte Tanner keinen Fluffer, auch wenn ich es mir sehnlichst gewünscht hätte. Kurz vor Sonnenuntergang machte sich das Boot zurück in den Hafen von San Diego. An diesem Abend redeten Tanner und ich noch Stunden vor dem Einschlafen. Es waren sehr ernste Gespräche, die ersten, die ich mit einem Kollegen in dem für mich noch jungen Job führen konnte. Wir sprachen über Aids, wir sprachen über Drogen.

Ich persönlich habe nie Drogen am Set genommen. Für mich war Porno stets Arbeit, und bei meinem Job möchte ich nicht unter Drogen stehen. Himmel! Ein Dreh ist doch keine Sex-Formel-1, sondern eher ein zähflüssiger Verkehr mit viel Stillstand. Spätestens nach der zweiten Unterbrechung wäre es mit meiner Lust aus und vorbei. Doch das ungeschriebene Gesetz der Branche lautet: Über Drogen wird nicht geredet. Natürlich, was jeder einzelne für sich auf der Toilette treibt, bleibt sein Geheimnis. Aber ich stelle mir einfach eine Szene auf Speed oder Kokain vor und muß unweigerlich den Kopf schütteln: Das Ergebnis wäre bestimmt mehr als mager.

Der nächste Morgen brachte einen sichtlich überforderten Regisseur, zwei zunehmend genervte Bootseigner und eine übermüdete Filmcrew zu Tage. Tanner und ich hatten längst beschlossen, *Captain Stud and His Seamen* umzutaufen. Wir nannten es schlicht: *The Boat from Hell*.

Wieder zwang uns die amerikanische Prüderie hinaus auf hohe See. Ich wurde nun doch ein bißchen aufgeregt, denn mein Dreh nahte und damit mein erster Kontakt mit einer Legende des Gay-Pornos: Rick Donovan.

Ich erinnere mich noch gut an alte Zeiten in Berlin, in denen wir Rick Donovan auf Super-8 in der ebenso legendären Gigolo-Filmbar bewunderten, die mein Freund Heiko immer nur die Fickfilmbude nannte. Und daran erinnere ich mich wirklich nicht nur wegen Ricks wahrhaft voluminösen Stück Fleisches zwischen den Beinen.

Okay. Es ist deswegen.

Rick war erst am zweiten Tag erschienen. Seit den legendären Tagen hatte er sich tatsächlich kaum verändert. Ich war furchtbar gespannt, mit einem meiner Idole auf die Matte zu steigen. Der Regisseur hatte die fabelhafte Idee, daß wir es auf einer kleinen Treppe zwischen Wohn- und Schlafzimmer treiben sollten. Es war verdammt eng, bot aber auch genügend Möglichkeiten, sich abzustützen. Erst blies ich ihn, dann fickte er mich. Rick, der alte Profi, machte es mir mehr als einfach. Wir hatten wirklich Spaß, und wenn ich mir den Film heute anschaue, dann glaube ich, daß dieser Spaß auch rüberkommt. Darüber hinaus hatte mir der Vortag mit Tanner auf dem Deck den schönsten Teint der Welt verpaßt, was meiner Eitelkeit guttat und es mir vor der Kamera einfacher machte. Ich brauchte keinen Fluffer und kehrte nach der Szene voller Stolz zu Tanner zurück.

Am Abend zuvor noch hatte ihn die Idee, mein Hintern könnte Donovans Schwanz nicht standhalten, auf das köstlichste amüsiert. Wir lachten beide über die Geschichte eines Kollegen, der für einen Film dreimal gefickt werden sollte, und nach dem zweiten Mal ein fettes Hämorrhoiden-Problem bekam. Monate später habe ich eine ähnliche Situation

bei einem anderen Dreh erlebt. Was macht eine Firma, die viel Geld ausgibt, wenig Zeit hat und einen wunden *bottom* engagiert hat? Sie holt sich einen *stunt butt*, ein Po-Double, das die Aufgabe des eigentlichen *bottom* in Nahaufnahme für ihn erledigt – ein Vorgang übrigens, der auf dem Set mit völliger Normalität behandelt wird.

Vieles, was uns im Alltag so große Probleme mit dem Sex bereitet, gewinnt unter dem Druck der Produktion eine erfrischende Selbstverständlichkeit. Mir ist während meiner Jahre im Pornogeschäft immer klarer geworden, wie unnatürlich und belastet selbst das Verhältnis der meisten Schwulen zu ihrer Sexualität ist. Am Set kannst du es dir einfach nicht leisten, daß du dich vor lauter Scham nicht traust zu arbeiten. Dir sollte es zum Beispiel nicht unangenehm sein, das Badezimmer mit einem Kollegen zu teilen, der sich gerade für die nächste Szene den Hintern spült.

Je länger du im Geschäft bist, um so verrückter erscheint dir nicht etwa das Pornobusineß, sondern vielmehr dieses Regelwerk aus Tabus und Etikette, mit dem der Rest der abendländischen Welt sich eine natürliche, direkte und lustspendende Art der Kommunikation versaut. Ich habe durch meinen Beruf mehr über Sexualität und den Umgang damit gelernt, als andere Menschen in endlosen Therapiesitzungen. Es klingt vielleicht ein bißchen pathetisch, aber ich bin der Pornographie dankbar dafür, daß sie mich endgültig von den Resten dieser falschen Scham befreit hat, die ich bis dahin mit mir herumgetragen hatte.

Woher kommt diese Scham? Das habe ich mich lange gefragt, und hier ist meine Antwort darauf: Sie ist der Ausdruck von Selbsthaß. Wer sich von der Verteufelung unserer Sexualität durch zweitausend Jahre Christentum nicht freimachen kann und sie unterdrückt, wird Scham verspüren, wann immer natürliche Bedürfnisse sich Bahn brechen. Weil man sich haßt für eine vermeintliche Schwäche. Nur wer die Unterdrückung als solche erkennt und seine Ketten sprengt, wird

Sexualität als das erleben, was sie wirklich ist: eine Quelle von Freude und Kraft.

Um das Loblied nicht endlos weiterzusingen und der Wahrheit gerecht zu werden: Auch der Hollywood-Porno ist kein Gelobtes Land der Sexualität, und die Sexindustrie nicht ganz und gar frei von Rollenklischees – weder vor, noch hinter der Kamera. Porno beeinflußt die schwule Lebenswirklichkeit, weil er Vorbilder für unsere Sexualität liefert – gute oder schlechte sei einmal dahingestellt –, und gleichzeitig spiegelt er die Wirklichkeit schwulen Lebens und schwuler Träume in den Filmen wider.

Zum Beispiel Rollenklischees: Bei einem Dreh für die Firma Catalina passierte es einem Freund und Kollegen, der als *top* engagiert war, daß er vor Aufregung keinen mehr hochbekam. Er mußte sich von seinem *bottom* ficken lassen. Das ist ein weiteres ungeschriebenes Gesetz am Set: Wer keinen hochkriegt, muß hinhalten, um die Produktion nicht aufzuhalten und keinen Drehtag zu verlieren. Mein Freund sagte nur noch: „Bevor der Film rauskommt, bin ich aber Gott sei Dank weg aus L.A.!" War er dann doch nicht. Aber ist es nicht seltsam, wie das überwunden geglaubte Schema von Kerl und Trine fröhliche Urstände feiert?

Es reicht eben nicht, nur ein guter Ficker zu sein, um es im Geschäft zu etwas zu bringen. Brustmuskel hin, Schwanzlänge her. Am Set beweist sich, daß ein guter Pornodarsteller mehr ist als nur ein makelloser Körper oder eine geile Nummer. Der reine *top* ist die Ausnahme am Set. Gesucht sind Darsteller, die beides können: *versatile* nennen das die Amerikaner. Oder *switch*. Und eine gewisse Liebe zum Beruf ist unabdingbar, wenn du im Pornobusineß nicht vor die Hunde gehen willst.

Ich kann wohl ohne Übertreibung sagen, daß ich meinen Beruf wirklich liebe. Das Set war für mich immer Herausforderung und Spaß zugleich. Einen Spaß, den ich mir selten entgehen ließ. Mein erster Dreh für Chi Chi LaRue – eine

L.A. Drag Queen, über die es später noch mehr zu berichten gibt – fiel beinahe flach, weil ich mir kurz zuvor die Hand gebrochen hatte. Der Film hieß *Seeds of Love*, und ich hatte solche Lust auf das Projekt, daß Chi Chi fast soweit war, mich mit Gips auftreten zu lassen. Aber eben nur fast. Also klingelte ich am Morgen vor dem Dreh bei meinem Nachbarn, der mir den Gips mit einer Kneifzange abnahm. Im Film fällt meine gebrochene Hand eigentlich nicht weiter auf. Nur wer mich kennt, merkt, daß ich ausnahmsweise mit der linken Hand onaniere. Lediglich mein Arzt war sauer, als ich am nächsten Tag auftauchte und um einen neuen Gipsverband bat.

Der zweite Drehtag bei *Captain Stud* ging dem Ende entgegen, und zurück im Hafen fiel unserem begnadeten Regisseur plötzlich ein, daß er noch einige zusätzliche Dialogszenen brauchte. Tanner und ich sahen uns vielsagend an. Zu diesem Zeitpunkt hatten wir schon längst jeden Respekt vor diesem lausigen Kerl verloren, willigten aber trotzdem ohne viel Murren ein. Er wollte nicht mehr von uns, als daß wir den Steg hinab zum Boot laufen und uns dabei unterhalten sollten. Was wir sagten, war egal, denn über den Dialog würde später Musik gelegt werden. Unsere Unterhaltung verlief etwa so:

Tanner: Nur noch ein paar Minuten, und wir sind auf dem Freeway!
Wolff: Ja, zur Hölle mit diesem Boot!
Tanner: Wenn ich erstmal im Auto sitze, werde ich nach dieser ganzen Farce schreien vor Lachen!
Wolff: Alles, was mich interessiert, ist der Scheck, den ich gleich kriege.

Die Szene wurde so genommen.

Captain Stud war die Erfahrung, daß auch in Porno-Hollywood nur mit Wasser gekocht wird. Wie echte Profis arbeiten, erlebte ich erst viel später – bei Falcon in San Francisco.

Working Stiff unter der Regie von John Rutherford war sicher von den Arbeitsbedingungen her die beste Produktion, an der ich mitgewirkt habe.

Ein Fahrer holte mich vom Flughafen ab und brachte mich in mein Hotel. Am nächsten Morgen begann der *shoot*. Die Dialogszenen und den Oralsex dreht Falcon am ersten Tag, abspritzen ist nicht. Erst am zweiten Tag wird dann gevögelt und gekommen. Bei dieser Produktion spielten Make-up und Licht eine Rolle, die mir bis dato völlig unbekannt war. Sobald ich anfing zu schwitzen, wurde auch schon abgebrochen, und der Visagist rannte zum Set, um mich abzupudern. Bei Falcon wird nicht geschwitzt – schwitzen tun beim Sex nur wirkliche Menschen, keine Falcon-Models! Das schafft eine fast göttliche Unnahbarkeit im fertigen Film. Und genau das möchte Falcon ja schließlich erreichen, denn sie wollen nicht, daß die Zuschauer sich mit den Models identifizieren: Sie sollen sie verehren!

Und noch ein weiterer Trick schafft diese Unnahbarkeit: das Licht! In rauhen Mengen wird es auf das Set geworfen, bis selbst derbe Aknehaut als makellose Fläche auf dem Monitor erscheint.

Bei *Working Stiff* traf ich übrigens wieder mal auf einen heterosexuellen Kollegen. *Gay for pay* nennen es die Amerikaner. Falcon arbeitet gerne mit heterosexuellen Models, die sich am Set mit Pornoheften oder – wenn es die Situation erlaubt – Pornofilmen befluffen. Warum Heteros? Welcher Schwule würde nicht gerne mit einem in die Kiste steigen? Von wegen göttliche Unnahbarkeit!

Wie die meisten Heteros hatte auch mein Kollege beim Oralverkehr überhaupt keine Probleme. Ich denke mir, es war ein leichtes für ihn, die Augen zu schließen und an seine Freundin zu denken. Im Grunde stehen die Heteromänner auf die schwule Technik. Wir wissen einfach besser mit einem Schwanz umzugehen als die meisten Frauen.

Als es am zweiten Tag aber ans Ficken ging, hatte mein Partner schon seine Aussetzer. Sein Fluffer war ein ziemlich gemeines Pornoheft, mit dem er für einige Minuten im Nebenzimmer verschwand – aber nie länger als eine Viertelstunde. Dann ging die Chose von vorne los. Ist am Ende übrigens eine hübsche Szene geworden.

Neben *gay for pay* gibt es natürlich auch *straight for the image*. Wie viele Pornokollegen sind mir am Set begegnet, die mit französischer Maniküre, Lipgloss und gezupften Augenbrauen von ihrer Freundin schwärmten? Ich zähle sie lieber nicht!

Vielleicht liegt es daran, daß diese Klemmschwestern sich einbilden, auf diese Weise besser mit dem Beruf klarzukommen. Als Schwuler verkaufst du die eigene Sexualität, als Hetero machst du „nur" deinen Job. Aber ist es nicht gerade umgekehrt? Verkauft der Hetero im schwulen Porno-Geschäft nicht etwas, was er nicht ist, und muß er nicht viel eher fürchten, sich wie eine Nutte zu fühlen?

Ich fand es immer ehrlicher, meine eigene Sexualität zu verkaufen. Davor, eine Hure zu sein, habe ich mich sowieso nie gefürchtet. Leider habe ich nicht viele Darsteller im Hollywood-Pornobusineß getroffen, die so denken. Tanner Reeves gehörte zu den Ausnahmen, und das machte ihn seit den frühen Tagen auf dem *Boat from Hell* zu einem Freund.

Die Fenster offen, den Scheck in der Hand, lümmelten wir uns auf seinen Kuhbezügen, drehten das Radio bis zum Anschlag auf und fuhren den Interstate 5 zurück, vorbei an dem Marinestützpunkt, Hollywood entgegen. Über dem Pazifik versank die Sonne in wildem Rot, und wir lachten und kreischten, bis Tanner sagte: *„Remember the dolphins?"*

Und nie vergessen werde ich diese Delphine, wie sie vor uns surften und uns zuzublinzeln schienen – während wir uns bräunten und kennenlernten auf dem Höllenboot.

TOTALLY TIGHT VIDEO
PRESENTS

WOLF

with
ERIC MARX
NICK MANETTI
ROBERT HARRIS
BRIAN ANGER
ROD GARETTO
MATT WINDSOR
AL MICHAELS
NICK ROMANO

Vice C

Viertes Kapitel

Dick im Geschäft

Nach meinem Dreh in San Diego stand mein Anrufbeantworter vor neuen Angeboten kaum noch still. Eine der ersten, die mich anrief, war Chi Chi LaRue.

Chi Chi heißt eigentlich Larry und stammt – wie viele, die in Los Angeles Karriere machen –, nicht aus Kalifornien, sondern Minneapolis – dem Mittleren Westen Amerikas also. Jahrelang arbeitete Chi Chi tagsüber bei einer Pornofirma im Büro und war nachts eine der herausragendsten und dabei sicherlich die fülligste Drag Queen Hollywoods. Sie mußte hart kämpfen, um die Chance zu bekommen, ihren ersten eigenen Porno zu drehen, hatte doch niemand geglaubt, daß eine Tunte Herr über einen Stab extrovertierter Pornostars sein könnte. Die Produzenten hätten nicht falscher liegen können. Chi Chi ist seit Jahren die unangefochtene Mutter der Pornokompanie und sie hat unzählige Stars selbst entdeckt, darunter auch den hypergeilen Joey Stefano, der 1994 an einer Überdosis starb.

Mit Chi Chi, die unter ihrem Pseudonym Taylor Hudson drehte, machte ich den Film *Seeds of Love*. Sie führte natürlich nicht in Drag Regie, sondern erschien am Set als Larry – einfach ein dicker, netter schwuler Regisseur, der sehr genau weiß, was er will. Ich mochte Chi Chi, und sie mochte mich, und bald war ich ein gern gesehener Gast auf ihren Partys.

Dort lernte ich eine Reihe anderer Leute kennen, die wichtig sind im schwulen Hollywood-Pornobusineß der neunziger Jahre. Die faszinierendste Gestalt war sicherlich Sharon Kane. Sharon hatte schon Hunderte von Heterofilmen seit den siebziger Jahren gedreht, war einer der ganz großen Pornostars und mit unzähligen Preisen geehrt, als sie Anfang der neunziger Jahre als erste Frau im schwulen Gewerbe auftauchte. Chi Chi hatte sie zuerst für einen Lesbenfilm engagiert, dann kamen Bi-Filme und schließlich sogar Rollen in Schwulenpornos – wenn auch ohne Sex. Ich hatte schon vorher von Sharon gehört und sie mir als eine ziemliche Schwulenmutti vorgestellt. Wie erstaunt war ich, als ich sie das erste Mal sah: blond, schön und unglaublich erotisch! Sie betrat die Party, und sofort strömte eine sexuelle Energie von ihr aus, die ich noch bei keinem anderen Menschen erlebt habe. Sharon hat Sex auf der Stirn geschrieben. Die ganzen Pornohelden scharten sich um sie ob ihrer geheimnisvollen Aura. Ich weiß, sie hat mit einigen Kollegen geschlafen, und ich wette, sie mußte niemals darum bitten.

Porno wurde mein Alltag. Jeden Morgen um neun Uhr begann das Rumtelefonieren. Zwar hatten mich schnell nach meinen ersten Filmen Agenten angesprochen, aber ich hatte kein gutes Gefühl, meine Karriere in fremde Hände zu legen, und Sharon sagte: „Bloß nicht! Agenten sind alle *scumbags!*" – Kotzbrocken!

Ich telefonierte herum, um herauszufinden, wer wo was wann dreht. Dadurch sparte ich das Honorar für den Agenten und bekam auch noch das sogenannte Finder-Honorar ausgezahlt. Das wird immer dann fällig, wenn eine Firma dich „gefunden" hat, du also das erste Mal mit ihnen drehst. Auch dieses Honorar streicht normalerweise der Agent ein.

Viele Firmen dachten natürlich: Da kommt eine blöde deutsche Tucke, die kaum Englisch versteht und will ins Pornogeschäft einsteigen. Daher versuchten immer alle, mich übers Ohr zu hauen. Ha! Ich bin vielleicht blond – aber nicht blöd. Bei den Verhandlungen genügte es meist, auf einem gewissen Preis lange genug zu bestehen. Ich kann nur sagen: Macht es nie unter tausend Dollar! Meist waren es die alten Hasen im Geschäft – wie Sharon Kane –, die Neulingen solche Tips gaben und mit denen man so was besprechen konnte. Die Tricks der Produzenten waren immer die gleichen. Bist du neu im Geschäft, heißt es: „Du hast ja erst drei Filme gemacht; du mußt dich erst einmal beweisen!" Hast du dann den vierten Film abgedreht, hörst du als nächstes: „Du bist *overexposed*, man hat dich schon zu oft gesehen!"

Das ist natürlich nur eine billige Nummer, mit der man versucht, dich preislich zu drücken. Wenn du klein beigibst, bist du selber Schuld. Wenn du aber darauf bestehst, daß du es wert bist, deine Wunschgage zu bekommen, und wenn sie branchenüblich ist, zahlt man in der Regel, was du verlangst. Die größte Herausforderung dabei ist, nicht dem Geld zu verfallen und nicht jedes Projekt zu nehmen, das kommt. Wer wirklich *overexposed* ist, dessen Preis fällt ziemlich schnell in den Keller. Also ist es besser, sich relativ rar zu machen und nur die Filme zu drehen, die einen wirklich interessieren. Hast du dich an einen Agenten verkauft, ist dein Einfluß darauf natürlich futsch. Dann entscheidet dein Agent über Wohl und Wehe deiner Karriere.

Viele Kollegen kamen zu den Drehs, ohne zu wissen, wovon der Film handelte, und ohne zu wissen, mit wem sie gleich Sex vor einer Kamera haben würden. Als mein eigener Agent hatte ich Gott sei Dank immer die Möglichkeit, zu erfragen, worum es bei einem Projekt ging.

Natürlich hat ein Agent auch Vorteile. Der wichtigste davon ist, daß die Produktionsfirmen lieber mit Models arbeiten, die einen haben. Macht ein Darsteller Ärger, dann ist es wie in der Schule: Da werden die Eltern angerufen; im Pornogeschäft wird eben der Agent fertiggemacht. Das Model arbeitet, der Agent redet. Models ohne Agenten neigen dazu, eine eigene Meinung zu entwickeln, dazwischen zu reden, Deals zu verhandeln. Für einen Produzenten oder einen Regisseur sind das nur ungeliebte Komplikationen, denn ein schweigsamer Darsteller ist ein guter Darsteller. Deswegen greifen viele Regisseure nicht ungern zu heterosexuellen Models: Die diskutieren nicht. Sie mischen sich nicht ein, sie machen keine Vorschläge, wie es besser aussehen könnte, sie tun einfach, was man von ihnen verlangt. Ein Schwuler hingegen hat gerne öfter mal was zu mäkeln oder versucht sich als Regieassistent und äußert Kritik. Und zwei Homos kriegen sich bekanntermaßen gerne mal in die Wolle.

Wer glaubt, mit einem Viehschlächter als Agenten den miesesten Deal gemacht zu haben, hat noch nichts von der dritten Möglichkeit gehört, wenn man als Schauspieler im Pornogeschäft tätig ist: Du schließt einen Sklavenvertrag mit einer der Produktionsfirmen ab. Der offizielle Name klingt natürlich besser: Exklusivvertrag. Du hast dann im klassischen Fall die Sicherheit, drei Filme zu drehen – selten werden in einem Vertrag mehr Filme zugesagt –, und du wirst auf dem Cover der Videobox erscheinen. Der Preis für diese Sicherheit ist hoch: Für andere Firmen darfst du nicht mehr arbeiten, und der Produzent kann mit dir tun und lassen, was er will. Mit der Unterschrift unter den Vertrag bekommst du ein Formular wie das auf der nächsten Seite in die Hand gedrückt, das ich einmal bei der Produktionsfirma Falcon bekommen habe.

Auf deutsch heißt das ungefähr: „Willkommen in der Falcon-Familie! Wir haben dich engagiert, weil uns dein Aussehen gefällt. Nimm daher bitte keine eigenmächtigen Veränderungen vor. Laß deine Haare, wie sie sind, mach kein neues Tattoo oder Piercing und lasse auch deinen Teint, wie er ist, außer wir bitten dich darum, ihn zu ändern! Wenn irgend etwas an deinem Äußeren verändert werden muß, werden wir das tun, während du bei uns arbeitest.

New Model Checklist

Welcome to the  family!

There are some simple things to remember, and if you keep this guide with you, it may help when you have questions.

Your Look-

We hired you because we like the way you look. Please, do not make any changes unless we have specified it. Don't change your hair, get a tattoo, a new piercing, or change your tan line unless we have asked you to. If we need to change anything we will do it while you are with us.

    • Please check your genital and rectal areas carefully at least two weeks prior to coming out for work. If you have any spots, bumps or skin tags, things that look like pimples, please call us for discussion of what to do. Genital and anal warts are common and can usually be easily treated and healed within a few days. If you arrive with this condition you will be sent home.

    • Check for other skin conditions, In particular, what is known as "sun spots". These may appear as whitish or lighter spots in your tan. This is easily corrected if you tell us about it in advance. Don't arrive with any of these conditions un-announced or you could risk cancellation of your shoot.

Travel & Lodging-

Please remember to save your boarding passes. Present them to David upon your arrival. You will be provided with a return envelope to mail the remaining passes to us when you arrive home. Please be prompt about sending these back.

    • Any changes in itinerary will be made through us, unauthorized changes may mean forfeiture of your travel expenses. You should meet your ride at the airport, at the gate. If for some reason, your ride is late please page him at the number listed below.

Hotel-

As our guest, we will do everything to make your stay enjoyable. Please try to limit long distance calls to a maximum of one call a day and no more than $5.00 cost. You are responsible for any additional charges.

    • Be sure to be ready at the call times we give you. We will make arrangements for you to be able to tan and work-out.

Remember your identification (one I.D. must have photo and be issued by a government agency, i.e. drivers licence, state ID card or Passport.) Two pieces if possible, you cannot work without them!

Bitte prüfe deine Genital- und Analzonen sorgfältig mindestens zwei Wochen bevor du bei uns anfängst. Solltest du irgendwelche Flecken, Ausschläge oder Muttermale entdecken, oder irgend etwas, das wie ein Pickel aussieht, bitte rufe uns an, um zu besprechen, was zu tun ist. Feigwarzen sind einfach zu behandeln und heilen in wenigen Tagen. Wer damit ankommt, wird wieder nach Hause geschickt.

Prüfe auch die übrigen Hautpartien insbesondere auf sogenannte *„sun spots"* hin. Das sind helle oder weiße Flecken auf deinem Teint. Sie können einfach korrigiert werden, wenn du „uns vorher darüber informierst. Erscheine nicht unangekündigt mit einer dieser Hautveränderungen, oder du riskierst die Absage deines Drehs".

Welchen Künstlernamen sie dir geben, wie deine Augenbrauen gezupft oder ob dein Hintern rasiert wird – auf all das hast du bei einem Exklusivvertrag keinerlei Einfluß mehr. Für mich war das glatte Sklaverei. Drehen sie keine drei Filme mit dir, bist du auf Eis gelegt und darfst auch nirgendwo sonst arbeiten. Allerdings: Das Geld dafür bekommst du trotzdem.

Keine Frage, es steckt ein wahnsinniges Geld im Pornogewerbe. Die Summen, die ein Darsteller verdient, hängen aber natürlich sehr von seinem Stellenwert in der Industrie ab. Darüber hinaus sind die Gagen das bestgehütete Geheimnis eines jeden, denn sie sind der potentielle Grund für Rivalität und miese Stimmung. Meistens zahlen die Firmen pro *cum shot* – pro Orgasmus-Szene also – oder pro Drehtag. Schriftliche Verträge gibt es nicht. Alles wird mündlich ausgehandelt. Vor dem Dreh schießt jedoch ein Fotograf ein Bild von dir, auf dem du komischerweise deinen Ausweis an der Backe halten mußt. Dieses Foto ist die Bestätigung allen möglichen Behörden gegenüber, daß du über 18 Jahre alt bist. Und nach dem Dreh unterschreibst du eine Einverständniserklärung, *model release* genannt. Auf dem gleichen Formular quittierst du auch den Erhalt deiner Gage. Ich habe nie jemandem erzählt, wieviel ich verdient habe, und werde es auch jetzt nicht tun. Nur so viel kann ich verraten: Tagesgagen im vierstelligen Dollarbereich sind keine Seltenheit. Ich habe gut verdient, und das Busineß ermöglichte mir ein sorgenfreies Leben.

Für eine mittelgroße Produktion gibt eine Firma heute selten mehr als 50.000 Dollar aus. Das sind, verglichen mit den Produktionskosten eines Hollywoodfilms, natürlich Peanuts. Nichts hat das Gewerbe so verändert wie der Übergang von Zelluloid zu Video, Mitte der achtziger Jahre. Wer die alten Zeiten noch kennt, hört selten auf, davon zu schwärmen. Budgets von mehreren Hunderttausend Dollar waren damals keine Seltenheit. Premieren im Hollywood-Stil mit einem roten Teppich vor den Filmtheatern gehörten damals zum Alltag.

Heute funktioniert das Busineß ganz anders. Über Wohl und Wehe einer Produktion entscheidet in erster Linie ein gelungenes Boxcover, der Videokarton also. Obwohl die Rezensenten in den schwulen Gazetten ihre Kritiken veröffentlichen, hat die Presse im allgemeinen keinen besonders großen Einfluß auf die Produktionsfirmen. Postversand und Videoverleih sind die Haupteinnahmequellen der knapp zwei Dutzend größeren und unzähligen kleinen schwulen Firmen in Kalifornien, die mehrere hundert Videos im Jahr produzieren. Masse statt Klasse ist das geheime Motto der Pornoindustrie.

So war es für mich erfreulich zu sehen, daß sich 1997 künstlerisch im schwulen Porno Hollywoods wieder etwas bewegte. Eine junge Garde von Regisseuren, wie zum Beispiel der achtundzwanzigjährige Brite Wash West, fängt an, die erstarrten Formeln des Pornomachens in Frage zu stellen, und bringt frischen Wind ins Busineß. Die altbewährten Formeln lauten: pro Film eine Wichsszene, eine Orgie und ein Dreier. Dauer der Sexszenen zwischen fünfzehn und zwanzig Minuten, vier Sexszenen pro Film. Streifen wie Washs *Naked Highway*, ein Roadmovie mit einer Fülle von Humor, Spannung und Reminiszenzen an die Geschichte des schwulen Pornos, bringen das Genre zurück an seine Wurzeln: den Underground. Ich hoffe, das ist ein Trend, der sich fortsetzen wird.

Ob Underground oder Mainstream: Vor jeden neuen Job im Gewerbe hat der liebe Pornogott das Casting gesetzt. Mal im Büro, mal privat bei jemandem zu Hause: Castings finden überall statt, wo man die Hosen runterlassen kann. Es läuft fast immer nach der gleichen Prozedur: Der Regisseur, manchmal auch der Produzent, erwartet natürlich von dir, daß du dich ausziehst. Dann werden drei Polaroids von dir geschossen: eins von vorne, eins von der Seite und eins von hinten. Die ersten beiden natürlich mit einer Erektion. Danach kommt ein Fragebogen auf dich zu: Name, Künstlername, Adresse, Alter, Körpergröße, Schwanzlänge, Filmographie. Dann kommen die heiklen Fragen: Top oder Bottom, Romantiker oder Sadist, Größe der Spielzeuge, die du in deinem Hintern verträgst. Am besten bist du alles und kannst alles.

Wenn die gewünschte Erektion auf sich warten läßt, wirst du gerne mal in einen Nebenraum geführt und mit einem Stapel Pornohefte allein gelassen. Du kannst natürlich nicht Stunden in diesem Hinterzimmer verbringen, aber ich brauchte mir meist nur vorzustellen, daß gleich jemand den Raum betrit und schon hatte ich den heiß ersehnten Ständer, mit dem ich stolz den Raum verließ, um ihn dem Fotografen zu präsentieren. Und dann hatte ich häufig auch schon den Job.

Unter den Regisseuren gibt es natürlich solche und solche. Mit den meisten im Busineß kam ich gut aus, und nur wenige erwiesen sich als ausgesprochene Kotzbrocken. Die Regisseure stehen natürlich unter einem enormen Druck. Sie sind für das Endprodukt verantwortlich und agieren als Puffer zwischen den Darstellern und den Pornoproduzenten. Viele sind mit den ehrenwertesten Ideen in den Job gegangen und mußten dann doch einige ihrer Moralvorstellungen über den Haufen werfen. Ein junger Pornoregisseur erzählte mir einmal, daß er sich fest vorgenommen hatte, niemals einen Darsteller zum Sex zu zwingen, und wie er seinen Vorsatz dann doch brechen mußte. Hier die Kurzfassung der Geschichte:

Es war ein Dreh mit zwei Darstellern, die es vor einem Publikum miteinander treiben sollten. Die Statisten waren bezahlt und warteten schon, das Set war eine Diskothek, die extra angemietet worden war. Dann passierte das Unglück. Der Passive der beiden Darsteller hatte sich aus Versehen den Darm mit einer Vaginaldusche gespült, die eine essigsaure Lösung enthielt. Jeder Versuch seines Gegenübers, in ihn einzudringen, führte zu unglaublichen Schmerzen, die ihm die Tränen in die Augen trieben. Er bettelte seinen Regisseur an, die Szene zu verschieben. Doch das war nicht drin. Das Budget war schon überzogen, und ein *stunt butt* ließ sich in der Eile auch nicht auftreiben. Mit zusammengepreßten Zähnen mußte der Ärmste sich unter Schmerzen ficken lassen, und dem jungen Regisseur mit seinen idealistischen Vorsätzen brach das Herz. Aber so ist das Geschäft.

Nicht alle Regisseure sind so mitfühlend. Ich erinnere mich noch zu deutlich an das einzige Mal, als ich das Set vorzeitig verlassen habe. Es war ein Dreh für Studio 2000, und der Regisseur hieß Bill Scheffler.

Ich fuhr mit dem Taxi die Windungen der Hollywood Hills hinauf. Oben angekommen, fand ich ein Haus vor, in dem eine äußerst seltsame Stimmung herrschte. Jeder, der mir begegnete, gab mir zu verstehen, wie unwohl er sich hier fühlte. Darsteller liefen mit gesenkten Köpfen an mir vorbei, als hätten sie gerade etwas Schreckliches getan. Dann kam der Visagist und begann, mir das Make-up hinter mir stehend aufzutragen und nicht, wie gewöhnlich, von vorne. Auf jedem anderen Set redete man miteinander, und besonders die Make-up-Trine sprudelte normalerweise vor lockeren Sprüchen.

Mein Gefühl verstärkte sich, daß ich nicht arbeiten wollte oder konnte. Hatte ich etwa Diva-Allüren? Drehte ich also jetzt durch und wurde größenwahnsinnig? Oder war hier wirklich etwas faul? Ich überlegte hin und her, doch das unangenehme Gefühl blieb.

Da hörte ich auch schon unseren Regisseur Bill Scheffler. Er war gerade dabei, einen Darsteller anzubrüllen, der mit einer Dialogszene Schwierigkeiten hatte: „Du bist ja noch zu blöde, um diese zwei Zeilen runterzunuscheln! Du bist wohl doch nur ein billiger Stricher, oder was?"

Da stieg auch langsam schon die Wut in mir hoch, und ich wußte, so würde ich hier nicht arbeiten. Ich dachte nur: „Wenn er mit mir so umspringt, ist es aus!"

Dann kam der Hammer. Bill hatte den Dialog fertig und kam zu mir herüber, um den Dreh mit mir durchzusprechen: „Hallo, ich bin Bill Scheffler! Wir drehen zwei Tage, und du mußt zweimal abspritzen."

„Hallo, ich bin der Wolff, und zweimal kommen heißt für mich, daß ich auch zweimal bezahlt werde!"

„Nein, tut mir leid, so arbeiten wir hier nicht. Wir drehen immer zwei Tage mit zwei *cum shots*."

„Und ich werde pro Tag und pro *cum shot* bezahlt. Außerdem regelt man so etwas vorher am Telefon. Das hast du aber nicht erwähnt."

„Du wirst nie wieder so gut aussehen wie in meinem Film, *you stupid German queen*!"

Hatte der Mann eine komplette Scheibe?

„Ich glaube, so gut will ich gar nicht aussehen. Ich kann unter diesen Bedingungen leider nicht arbeiten."

„Was meinst du?" fragte Bill Scheffler.

„Frag mich bitte nicht! Ich kann dir nur sagen: So arbeite ich nicht!"

„Warum nicht?"

„Bitte frag mich nicht!"

„Warum?"

„Okay, du hast dreimal gefragt: Du willst es anscheinend wirklich wissen! Ich sage dir, warum: Erstens bin ich kein dummer Stricher, und du wirst hier als Regisseur bezahlt und nicht, um deinen privaten Frust abzulassen. Wenn du nach der Arbeit immer noch frustriert bist, kannst du gerne nach Hause gehen und dir einen Stricher besorgen, falls du einen findest, der so mit sich umspringen läßt. Zweitens bin ich engagiert worden, um hier eine Performance hinzulegen, und das kann ich nur, wenn die Atmosphäre auch stimmt. Meine Lust war aber schon hinüber, als ich dieses Haus betrat! Und drittens bin ich keine *stupid German queen*, die alles mit sich machen läßt. Denk besser noch einmal darüber nach!"

Um uns herum hatte sich unterdessen das gesamte Film-team versammelt. Alle standen mucksmäuschenstill und hörten uns fassungslos zu. Als ich geendet hatte, sagte einer der Darsteller:

„Bill, ich weiß wirklich nicht, warum so viele Leute behaupten, es sei so schwer, mit dir zu arbeiten. Ich habe immer das Gefühl gehabt, du forderst mein Talent bis an die äußersten Grenzen heraus und läßt mich wie ein richtiger Schauspieler wirken."

Das war genug. Ich traute meinen Ohren nicht und hatte darüber hinaus schon alles gesagt. Ich nahm meine Tasche, schrie „Taxi!" und verließ das Haus.

Schon auf dem Weg nach Hause ging es mir verdammt viel besser als zuvor. In meiner Wohnung angekommen, schmiß ich meine Sachen aufs Bett, legte mich auf den Boden und grübelte. Ich hatte einen wichtigen Dreh platzen lassen und wußte nicht, ob ich rechtliche Konsequenzen zu fürchten hatte. Also rief ich Chi Chi an.

„Hattet ihr schon angefangen zu arbeiten?" fragte sie.

Ich verneinte, und sie fragte, ob wir schon irgendwelche Fotos für das Boxcover gemacht hätten.

„Ich habe nichts weiter als das Make-up bekommen!" sagte ich wahrheitsgemäß.

„Dann kann dir gar nichts passieren, *sweetheart*", sagte sie. „Der mündliche Vertrag wird erst rechtsgültig, wenn das erste Foto geschossen ist."

Uff. In diesem Sinne war ich also im Recht, und Bill konnte mir nichts vorwerfen.

„Hör zu, Süßer, du bist nicht der einzige, der mit Bill nicht kann. Ich kenne viele, die einmal und nie wieder mit ihm gearbeitet haben."

Ich hatte also keine Diva-Allüren. Wem immer ich auch später von der Geschichte erzählte, alle Kollegen hatten ihre kleinen Storys über Bill parat und waren nicht überrascht, daß wir nicht miteinander klargekommen sind.

Ich möchte wirklich nicht den Eindruck entstehen lassen, daß die Pornoindustrie ein einziges Haifischbecken ist. Gerade das schwule Busineß ist auch sehr familiär, und man hilft sich, wo es geht. Mehr als einmal rief ich Chi Chi an, weil ich erfahren hatte, daß ein Konkurrent an der gleichen Idee saß wie sie, und teilte ihr mit, was ich wußte. Für diesen Gefallen tat sie mir einen und castete mich wieder für einen ihrer nächsten Filme.

Manchmal mußte ich aber meinem Glück auch nachhelfen. So hörte ich zum Beispiel, daß Chi Chi gerade dabei war, für einen neuen Film zu casten, und rief sie an, um sie an ihr Versprechen zu erinnern, mich bei der Produktion einzusetzen. Sie hielt dann auch Wort. Manchmal empfahl mich Chi Chi weiter, wenn ein anderer Regisseur sie nach guten Darstellern fragte. Wenn man ohne Agenten arbeitet, muß man die Leute jeden Tag daran erinnern, daß man auf dem Markt ist.

Das Verhältnis der Pornostars untereinander war vielschichtig und reichte von tiefer Freundschaft über lose Bekanntschaft bis hin zu echter Rivalität. Aber ist das nicht in jedem anderen Beruf genauso? Manche Darsteller hassen dich und ficken dich trotzdem. Generell aber versuchten wir alle, gut miteinander auszukommen, schließlich weiß man nie, wer mit wem in einer der nächsten Produktionen zu vögeln hat. So nett der Umgang miteinander war, so hart war die Konkurrenz um das beste Image: Jeder versuchte, seinen eigenen Look und Stil zu kreieren, um sich von den anderen zu unterscheiden. Keine leichte Aufgabe, wenn es generell nur zwei Rollen zu verteilen gibt: Ficker und Gefickter.

So waren natürlich das Spannendste auf vielen Drehs die Pausen, denn bei Pizza und Cola wurde regelmäßig der neueste Tratsch ausgetauscht.

„Ich habe Jim vor einer Woche gesehen, er sah aus, als hätte er sich einen Finger in die Steckdose gesteckt!"

„Na ja, ich habe ihn auch gesehen. Das war doch wohl eher eine Nadel im Arm!"

Ooh! Aah! Ein Raunen ging durch die Gruppe und ab zur nächsten Story.

„Ihr alle kennt Donnie, nicht? Donnie Russo! Also, dieses Muskelpaket, dieser oberbutche Typ fickt mich knallhart im On, bis ich Sternchen sehe. Dann schreit unser Regisseur: ‚Schnitt!‘ und Donnie zieht seinen Megaschwanz aus mir raus, tänzelt vom Set und fängt an *„I'm every woman"* zu singen – aber nicht nur die erste Strophe, Mädels, nein: den ganzen Song!" Auf Film so männlich und im Leben so tuntig! Ich lag wund da und konnte es kaum fassen!

Es gab Momente, da mußte Chi Chi uns wie die Hühner zurück zur Arbeit scheuchen, so gerne saßen wir da und tratschten.

Nur über ein Thema wurde in der ganzen Industrie relativ selten geredet: Aids. Ich wette, daß das in den Achtzigern noch anders gewesen sein muß. Doch als ich meine Karriere begann, war das Kondom längst zum unentbehrlichen Teil des schwulen Pornogeschäfts geworden. Nicht ganz freiwillig hatten die Firmen im Verlauf der achtziger Jahre auf Safer-Sex vor der Kamera umgestellt. Es waren vor allem die Aids-Aktivisten, die darauf drängten. Nicht wenige Pornodarsteller aus jener Zeit sind mittlerweile an den Folgen der Krankheit gestorben, aber wer kann und will am Ende mit Sicherheit sagen, wo sie sich den Virus eingefangen haben? Am Set oder doch eher auf einer privaten Sexparty in Beverly Hills?

Natürlich ist der Umgang mit Aids und Safer-Sex im Gewerbe bis heute nicht ganz problemlos. Das Gerücht, du seist HIV-positiv, kann schnell dazu führen, daß du im Gewerbe außen vor bleibst. Erst 1997, lange nach meiner Rückkehr nach Deutschland, hatte ein Regisseur in Hollywood den Mut, einen Film mit einem offen HIV-positiven Darsteller zu drehen. Natürlich wurde er offiziell dafür beklatscht – aber nicht wenige hatten ihn vorher privat für verrückt erklärt.

Allerdings fragt in der schwulen Industrie auch niemand nach einem HIV-Test. Immer mit Gummi überm Schwanz und Handschuhen, wenn Finger ins Spiel kommen, sind die eisernen Regeln beim Sex vor der Kamera. Pornokenner wissen, daß der kleine Überzieher generell wie von Zauberhand auf dem Schwanz erscheint, wenn es ans Ficken geht. Mich hat das immer gestört, und wenn ich die Möglichkeit hatte, Einfluß auf den Regisseur zu nehmen, versuchte ich mindestens eine Szene durchzusetzen, in der gezeigt wird, wie das Gummi auf den Schwanz kommt. In einigen Filmen ist es mir gelungen. Ich denke, die Pornoindustrie hat einen entscheidenden Einfluß auf das Verhalten der Menschen, und daraus erwächst auch eine gewisse Verantwortung.

Unverantwortlich finde ich das Verhalten der Hetero-Industrie, die bis jetzt nicht mehr als einen HIV-Test alle vier Wochen von ihren Darstellern verlangt. So was ist kein hundertprozentiger Schutz und für mich wäre das allein schon Grund genug, niemals in einem Heteroporno mitzumachen. Es hat mich aber ehrlicherweise auch nie jemand gefragt.

Chi Chi LaRue

Holger war die heißeste Neuentdeckung Hollywoods. Jeder im Busineß fragte sich, wer er ist und
wie man ihn in einen Film bekommt. Ich glaube,
der erste Film, den er für mich machte, war *Seeds of
Love*. Er mußte mit einem Hetero arbeiten, und das
haßte er. Aber es hat geklappt. Ich erinnere mich,
wie wunderschön er durch die Kamera wirkte. Er
hatte so exotische Augen – sein Körper, sein
Schwanz, alles war genial! Er war beinahe wie ein Tier.

*Warum finden die meisten Amerikaner deutsche Jungs so exo-
tisch und geil?*

Ich denke, alle Europäer sind geil, weil sie nicht so viele
Probleme mit dem Sex haben wie die Amerikaner. Deswegen
fahre ich jedes Jahr nach Paris und ficke mit den hübschen
Franzosen rum. In Berlin letztes Jahr hatte ich leider nicht
genug Zeit, so viel über die Deutschen herauszufinden. Aber
ich bin mit ein paar deutschen Drag Queens um die Häuser
gezogen. Wir waren in einer fabelhaften Diskothek, und wer
war auch da? Wolff!

Ihr habt euch in Deutschland wiedergetroffen?

In einer großen Diskothek in Ostberlin. Ich kam rein, und
da stand Holger! Es war wunderbar, ihn zu treffen. Ich hatte

ja keine Ahnung, was aus ihm geworden war. Er sah phanta-
stisch aus.

Was waren die Gerüchte, als er verschwand?

Sie hätten ihn abgeschoben, er sei ein schlimmer Drogen-
abhängiger gewesen, er sei kurz davor, zu sterben. Jedes
Gerücht, das man sich nur vorstellen kann, machte die Runde. Die typischen Dinge, die hier jeder über jeden erzählt.
Als ich ihn in Berlin traf, sah er aber gesund und munter aus.

*Was hat sich seit Holgers Verschwinden in der Pornobranche
verändert?*

O Gott! Er wäre über all die Leute schockiert, die mittlerweile glauben, sie könnten in Pornofilmen Regie führen. Andererseits wäre er sicherlich begeistert über all die neuen
hübschen Boys, mit denen er sicher gerne Sex hätte. Vieles
hat sich verändert. So viele Leute sind neu im Geschäft; das
drückt die Budgets immer weiter nach unten. Es gibt aber
auch einige Firmen, die wieder größere Filme mit höheren
Budgets drehen. Eine Entwicklung in zwei Richtungen also.

*Wie war es, mit Holger zu arbeiten? Er hatte ja niemals einen
Agenten.*

Manchmal wäre ich froh, alle Schauspieler würden ohne
Agenten arbeiten. Dann könnte ich mit ihnen direkt verhandeln und wäre diese hartnäckigen Zwischenhändler los. Als
Performance-Künstlerin wiederum finde ich es gut, einen
Agenten zu haben, denn er wird den besten Preis für mich
aushandeln. Es ist ein zweischneidiges Schwert. Wenn ich
mich recht erinnere, gab es immer eine Reihe von Agenten,
die behaupteten, mit ihm zu arbeiten.

*Denkst du, es war die richtige Zeit für Holger, mit dem Porno
aufzuhören?*

Er hat eine Menge Filme gedreht und lief gegen Ende bestimmt Gefahr, *overexposed* zu werden. Die Umstände waren
sicherlich unglücklich, aber es war der richtige Zeitpunkt.
Wenn du ein guter Darsteller bist, will jeder dich benutzen,

und wenn sie dich benutzt haben, dann werfen sie dich weg. Das ist hart, aber so ist das Busineß.

In welche Richtung wird sich der Schwulenporno in den nächsten Jahren entwickeln?

Im Moment werde ich gerade von einer Plattenfirma hofiert, um ein Musikvideo zu drehen. Es geht um eine neue Band, die Trent Reznor von *Nine Inch Nails* mit Bob Helfner von *Judas Priest* produziert. Die Band heißt „2". Sie wollen, daß ich ein Video nur mit Pornostars besetze. Vor fünf Jahren hätte eine Plattenfirma es noch rundweg abgelehnt, mit Leuten aus der Pornobranche zu arbeiten. Heute gehst du auf irgendwelche Messen oder Kongresse, triffst die Mainstream-Stars und wirst von ihnen umarmt. Der Film *Boogie Nights* zum Beispiel. Schau, wie fasziniert sie alle von Porno sind. Es ist das nächste große Ding. Vor zwei Jahren waren es die Drag Queens mit *Priscilla* und *To Wong Foo*.

Und wieder zwei Jahre später ist Porno dann out?

Für Hollywood sicher. Aber niemals für die Leute, die sich Pornos anschauen. Die wollen immer neues Material, neue Schwänze, neue Körper. Porno wird niemals sterben. Alle wollen Pornos sehen! Mit jeder neuen Generation kommen neue Kunden in die Läden und leihen sich ein Video aus.

Fünftes Kapitel
Alles künstlich!

 Es war natürlich dumm von mir, um halb drei Uhr morgens alleine durch Hollywood zu laufen. Prompt sprach mich ein Obdachloser an, der an der Ecke Vine und Hollywood Boulevard herumlungerte. Ich nickte ihm freundlich zu, doch er begann mich zu verfolgen und laberte ohne Unterlaß. Ich sagte, ich könne ihm kein Geld geben, und lief weiter. Auf der nächsten Kreuzung blieb er stehen und brüllte:

„Laß uns kämpfen, Mann! Laß uns einfach kämpfen!"

Scheiße! Aus den Augenwinkeln beobachtete ich zwei weitere Obdachlose, die an ein Haus gelehnt die Szene beobachteten. Wenn ich jetzt wegrenne, wird mein Verfolger wahrscheinlich eine Pistole ziehen. Drehe ich mich um und kämpfe, werden ihm die beiden anderen wahrscheinlich zu Hilfe eilen. Mir war klar, daß ich schnell reagieren mußte. Ich schaute ihn an und sagte:

„Hör zu. Es gibt zwei Gründe für mich, zu kämpfen. Der erste ist Geld und der zweite Sex. Ich habe dir schon gesagt, daß ich kein Geld habe. Und von dir will ich auch keinen Sex!"

In diesem Moment fingen die beiden anderen an zu lachen. Ich hatte gewonnen! Hätte der Obdachlose nicht von

97

mir abgelassen, dann hieße das, er wollte mit mir vögeln. Er sagte also gar nichts mehr, blieb einfach mitten auf der Kreuzung stehen, und ich setzte meinen Weg nach Hause fort. Auch das ist Hollywood!

Ich glaube, es ist an der Zeit, etwas über den Alltag und das Leben in Hollywood zu erzählen. Nur der kann die Pornoindustrie wirklich begreifen, der weiß, in welchem Umfeld sie erblüht. Die Hetero-Industrie, aber auch einige schwule Firmen, sind schon längst über die Hollywood Hills nach Norden ins San Fernando Valley gezogen. Auch die großen Studios der Filmgiganten liegen dort. Zurück blieb Hollywood. Die Nachbarn in meinem Wohnhaus Fontenoy, die schon seit Jahrzehnten dort wohnten, erzählten mir, um wieviel friedlicher und ruhiger es noch vor Jahren war.

Eine erste Adresse ist Hollywood schon lange nicht mehr. Die meisten Touristen sind schockiert, wenn sie ihren Fuß auf den Boulevard der Sterne setzen und sehen, wie abgewrackt alles ist. Müll und obdachlose Kinder sind die modernen Wahrzeichen des Hollywood Boulevards. Nebenan auf dem Sunset stehen die Huren; die Stricher lungern auf Santa Monica.

Für jeden Zugereisten in Los Angeles ist Hollywood natürlich noch immer die begehrteste Adresse. Es klingelt, man hebt den Hörer ab und sagt: *„Hello, this is Hollywood calling!"* Was für ein Gefühl! Schade, daß es nicht lange hält. Nach ein paar Wochen in Los Angeles ist auch Hollywood nur noch ein gewöhnlicher Stadtteil mit ungewöhnlich vielen Kriminellen. Vom Dach meines Apartmenthauses aus machte die Umgebung zwar einen sauberen und gepflegten Eindruck. Wenn ich aber näher hinschaute, sah ich, wie jemand Drogen oder seinen Körper verkaufte oder von der Polizei gerade verhaftet wurde. Jede Nacht hörte ich Schüsse, und mit der Zeit wurden sie etwas Normales. Gangs lieferten sich ihre Schießereien, und Polizeihubschrauber überflogen Tag und Nacht die Stadt, um Verbrecher aus der Luft zu verfolgen. Bald hörte ich die Schüsse nicht mehr, ich schlief einfach durch. Und wenn ich sie doch wahrnahm, dann gaben sie mir das Gefühl, daß es da draußen noch eine andere Wirklichkeit gab als die Scheinwelt aus *Beverly Hills 90210*.

Auf dem Sunset Boulevard warb bis vor kurzem eine Alkoholfirma mit dem Spruch: „In Los Angeles, wo nur die Gangs und die Erdbeben echt sind, brauchst du einen echten Drink!" Wie wahr, wie wahr! Denn nichts in dieser Stadt ist echt: Kein Baum, kein Strauch würde in diesem Wüstenklima von alleine gedeihen, und kein Mensch in Los Angeles ist wirklich das, was er vorgibt zu sein. Die Gesetze der Unterhaltungsindustrie sind die Gesetze der Stadt.

Inbegriff des Lebens in L.A. war für mich immer Angelyne. Ihr Konterfei ist seit Jahren in der gesamten Stadt auf unzähligen Plakatwänden in immer neuen erotischen Posen zu bewundern. Das alles wird übrigens von ihrem reichen Gatten finanziert. Sie wirbt für nichts – außer für sich selbst. Die Reichen und Schönen laden Angelyne zu ihren Partys ein, denn Angelyne ist berühmt dafür, berühmt zu sein – nur Verpackung ohne jeden Inhalt: ein perfektes Symbol für Los Angeles. Die Stadt verdient ihren immensen Reichtum mit Gaukelei: mit Film, mit Fernsehen und nicht zuletzt auch mit Pornographie. Wer lange genug dabei ist, hat selbst verlernt, Traum und Realität auseinanderzuhalten. Alles scheint machbar, alles scheint veränderbar zu sein.

Der natürliche Feind dieses kalifornischen Traums ist die Natur selbst. In der Natur wachsen Bäume schief und krumm. Also schneiden kalifornische Gärtner die Bäume zu Pyramiden, Würfeln und Kugeln. In der Natur haben Menschen Pickel und schiefe Nasen, dicke Hintern und schlaffe Brüste. Kalifornische Schönheitschirurgen begradigen Nasen, füllen Brüste, saugen Fett aus Bäuchen, lasern Narben weg und setzen Haare ein. Am Ende sehen alle aus wie die Karikatur von Schönheit. Denn wahre Schönheit ist echt. Aber

echt sind hier bekanntlich nur die Gangs und die Erdbeben. Beide sind für viele ein Grund, Los Angeles irgendwann zu verlassen.

Ich habe nur ein großes Beben erlebt, doch das hat mir gereicht. Es war unerträglich laut, und in diesem Moment begann alles um mich herum so stark zu wackeln, daß es mich in meinem Apartment im zwölften Stock zu Boden warf. Plötzlich klirrten die Fensterscheiben und zersprangen. Darauf folgte ein Knall und ein furchtbares Grummeln, als würde ein hungriger Magen dich gleich verschlingen. Eine Welle heißer Luft schlug durch den Raum. Ich stand auf, um mich unter einen Türrahmen zu flüchten, wie ich es gelernt hatte. Doch da sah ich durch die leeren Rahmen meiner Fenster die Straße näherkommen und legte mich wieder hin, die Hände schützend über dem Kopf. Über mir vernahm ich das Zischen explodierender Stromkreise, und ich begann, hysterisch zu lachen, denn ich wollte im Moment meines Todes nicht heulen.

Es war das Northridge-Beben von 1994, das ich in meiner Wohnung in den frühen Morgenstunden erlebte. 6,6 auf der Richterskala. Mein Apartmenthaus war erdbebensicher auf Rollen gebaut, und es schwankte nur mehrere Meter hin und her. Das Gefühl an diesem Morgen bin ich aber nie wieder losgeworden und hatte das Vertrauen in den Boden verloren, auf dem ich stand. Seit diesem Tag wußte ich, daß ich mein ganzes Leben nicht in Kalifornien verbringen würde. Doch noch war es nicht Zeit zu gehen. Noch war dort das Leben für mich frisch und neu: die Arbeit am Set und der Alltag in Hollywood.

Ich schlief selten länger als bis neun Uhr. Dann zog ich mir T-Shirt und Shorts über, setzte meine Sonnenbrille auf und schlenderte die anderthalb Blocks hinunter zum Hollywood Boulevard. Zwischen den Sternen von Liza Minnelli und Roseanne Barr lag mein Lieblingsfrühstücksladen: Kaffee und ein Bagel mit Frischkäse und Marmelade zum Mitnehmen für 1,95 Dollar. Zurück im Fontenoy nahm ich mein schnurloses Telefon und ein Handtuch runter zum Pool und frühstückte erst einmal. Ein paar Runden im Wasser und eine halbe Stunde in der Sonne, um meiner Bräune auf die Sprünge zu helfen, dann war es Zeit für die Telefonate, mit denen meine tägliche Arbeit begann.

War ich auf der Suche nach einem neuen Dreh, telefonierte ich mich quer durchs Busineß, hielt Small talk, stellte mich vor, machte Vorschläge, äußerte Wünsche. Es war sozusagen meine tägliche Büroarbeit, die mühsamen Gespräche, die dir ansonsten ein Agent abnimmt: sich umhören nach neuen Projekten, um Gagen feilschen, sich in Erinnerung bringen. Manchmal ergab sich ein Drehtermin noch am gleichen Tag.

Meine Freizeit in Los Angeles war dünn gesät. Es verging kaum ein Tag, an dem nicht ein Dreh, ein Fotoshoot oder eine Show am Abend auf meinem Programm stand. Um so mehr genoß ich die wenigen wirklich freien Tage. Wenn ich niemanden zum Mittagessen traf, schwang ich mich zumeist auf mein Fahrrad und tourte durch die Stadt. Ich vertrat mir die Beine im Hollywood Park, wo tagsüber in der Ecke rechts vorbei am Tennisplatz das Autocruising stattfindet.

Autocruising! Ein Konzept, so lächerlich, daß es nur aus Los Angeles stammen kann. Die motorisierte Hälfte der Homos sitzt im Auto und spielt an sich herum, die andere Hälfte schleicht um die Wagen und beobachtet die Fahrer. Es ist außerdem nicht ganz ungefährlich, im Park Sex zu haben, weil viel Polizei herumschwirrt. Besser ist es, nur jemanden aufzureißen und dann woanders hinzugehen. Ich habe allerdings nie jemanden mit in meine Wohnung genommen, denn auch das ist in Hollywood nicht immer ratsam.

Mein Freund Jeff gab mir den Tip, beim Cruising immer zuerst zu fragen, ob dein potentieller Sexpartner ein Polizist in Zivil ist. Genau so macht man es auch: „Entschuldigung, bist du ein Zivi?" Ist er es nämlich, zwingt ihn das Gesetz zur

Ehrlichkeit, und er muß sich enttarnen. Außerdem müssen Polizisten warten, bis du die Hose herunterläßt, bevor sie dich wegen *indecent behavior*, Erregung öffentlichen Ärgernisses, verhaften können. Und sie müssen das Gespräch mit dir auf Band aufzeichnen. Zieht dein Sexpartner sich also zuerst aus, kannst du sicher sein, er ist kein Polizist. Natürlich führt das dazu, daß alle im Park darauf warten, daß endlich jemand die Hosen runterläßt.

Cruising im Hollywood Park war selten mehr als ein lustiger Zeitvertreib für mich und wurde meistens nach einer Stunde schon langweilig. Dann fuhr ich zurück ins Fontenoy, sprang noch einmal in den Pool und legte noch etwas Bräune nach – auch im Dezember. Denn Los Angeles ist das ganze Jahr über warm. Mein einziger Anhaltspunkt für das Verstreichen der Jahreszeiten war eine europäische Birke im Garten neben dem Schwimmbecken. An ihren Blätter konnte ich ablesen, ob gerade Frühling oder Herbst war.

An heißen Tagen verbrachte ich die Nachmittage gerne im vollklimatisierten Saal des Chinese Theatre am Hollywood Boulevard. Es ist das berühmteste der Premierenkinos, ein Komplex im Stil einer chinesischen Pagode mit Unmengen japanischer Touristen davor, die die Hand- und Fußabdrücke der Hollywood-Stars im Zement bewundern. Wer wissen will, wo Marilyn Monroe sich verewigt hat, muß nur nach der dicksten Traube asiatischer Touristen Ausschau halten.

Der frühe Abend war dann die richtige Zeit, um sich nach West Hollywood aufzumachen. WeHo, wie die Homos diese Stadt in der Stadt nennen, oder auch Boys Town, ist das Herz der Schwulenwelt, ein paar Meilen westlich entlang des Santa Monica Boulevard gelegen.

West Hollywood ist der einzige Ort der Welt mit einer schwulen Mehrheit im Rathaus, das ganze Viertel eine Art Ghetto auf hohem Niveau. Wenn du auf der Straße einen Polizisten siehst, weißt du nie, ist er echt oder nur ein Uniformfetischist, bis er dir einen Strafzettel verpaßt. Alle sind schwul, alle gehen ins Sportstudio, alle essen Mrs. Fields Cookies, und alle feiern sich selbst. Die Homos, fernab jeder Realität, gestalten ihr Leben nach den Modeseiten ihrer Lieblingszeitschriften. Die durchsichtigen T-Shirts und Regenbogenkettchen, mit denen sie schon zum Frühstück im Starbucks Café erscheinen, sind andernorts in Los Angeles, in Hollywood oder Silverlake nicht unbedingt wohlgelitten.

In diesem schwulen Utopia ist selbst der Sex eine Modebewegung, die harmlose Homos dazu bringt, am hellichten Tage in einem Lederharneß mit Druckknöpfen spazierenzugehen. Ich habe noch nie in meinem Leben einen Hund gesehen, der ein Halsband mit Druckknöpfen trägt. Es würde auch wenig Sinn machen: ein Ruck und der Hund wäre weg. Hundehalsbänder haben Schnallen, echte Sklavenhalsbänder ebenso. Aber durch West Hollywood laufen arschwackelnde Masochisten mit Druckknopfhundehalsband und essen Mrs. Fields Cookies!

Ich habe die schönsten Körper in West Hollywood gesehen. Leider waren sie alle nicht echt, denn die Bewohner West Hollywoods sind dem Sportstudio-Wahn erlegen und fangen irgendwann an, Anabolika zu nehmen, um dem ersehnten Traumkörper auf die Sprünge zu helfen. Das Ergebnis sind bildschöne Menschen ohne Haare auf dem Kopf, denn solche Mittel beschleunigen den Haarausfall ersichtlich. Die wenigen verbliebenen Haare werden heller, wenn nicht sogar weiß. Die Nackenmuskeln wachsen unnatürlich über die Schultern, und ein seltsam schaukelnder Gang setzt ein. Mit diesen Körpern zu reden macht wenig Sinn, denn sie haben selten etwas zu erzählen. Allenfalls berichten sie dir von ihrer letzten Superdiät oder davon, daß sie keinen Kaffee trinken, nicht rauchen und auch sonst keine Drogen nehmen. Das alles erzählen sie dir mit völlig glasigen Augen, der Hormone wegen.

Mir fiel es oft schwer, in WeHo jemanden für die Nacht zu finden, der meinem Schönheitsideal entsprach: Ich mag nun

Wolfe and
Jake
Andrews

HIS
GOLD

Chi Chi LaRue's
BOOT
BLACK
Care for a shine, mister?

mal Schwimmer oder Leichtathleten, die sich neben ihren Muskeln auch noch eine gewisse Beweglichkeit bewahrt haben.

Der Muskelwahn hatte in Los Angeles solche Ausmaße angenommen, daß es zu den Standardfragen während eines Castings für einen Porno gehörte, in welches Sportstudio du gehst.

„Ich gehe nicht ins Sportstudio, und ich esse einen halben Liter Eis pro Tag" lautete meine Standardantwort, und es stimmte beides. So sind sie, diese verrückten Deutschen! Um meine Produzenten milde zu stimmen, habe ich aber vor den meisten Drehs zu Hause ein paar Liegestütze gemacht.

Natürlich habe ich Glück und kann meinen Körper mit ein bißchen Schwimmen und ein wenig Konditionstraining fit halten. Einer meiner Pornokollegen hingegen pflegt sich eine Spritze genau in jene Muskelpartien zu setzen, die er am Abend besonders betonen will: Arsch, Trizeps, Bizeps oder Brust. Bis zu zehn Spritzen setzt er sich. Innerhalb von Stunden gehen die Muskeln auf, und man kann förmlich zusehen, wie sie sich aufblasen. Nach drei Stunden ist er dann ausgehfertig. Die angespritzten Muskeln bleiben zwei bis drei Tage so und verlieren dann wieder ihre Fülle. Natürlich muß das ganze Zeug auch wieder raus aus dem Körper, und ich durfte an manchen Tagen haselnußgroße Pickel auf seinen Schultern und seinem Rücken begutachten.

Sicherlich ist die Pornoindustrie nicht unschuldig an dem Körperwahn, der sich von WeHo seinen Weg in die schwule Welt gebahnt hat, doch ich möchte ihr keine ursächliche Schuld daran geben. Sie war ein Verstärker und Beschleuniger des Trends: Die „perfektesten" Männer wurden zu Pornostars gemacht – und umgekehrt wurde aus dem Pornohelden der perfekte Mann – vermarktet auf Postern, Postkarten, Büchern, Kalendern und im Internet.

Um die Pornodarsteller herum ist in West Hollywood ein Starkult entstanden, den man sich in Deutschland wahrscheinlich nur schwer vorstellen kann. Als Pornostar wirst du in West Hollywood gefeiert und umworben. Ich erinnere mich an eine Autogrammstunde, die ich mit meinem Kollegen Jake Andrews in einem Lokal namens *Micky's* gab. Wir warben für Chi Chis Film *Boot Black*, und es war noch früh am Abend. Das Motto lautete: *„Cocktails with the Pornstars"*. Wir saßen an einem Tisch, verlosten Filme und verteilten Autogramme. Meistens bestanden die Konsumenten sogar darauf, etwas Persönliches auf ihren Filmpostern stehen zu haben.

Also schrieb ich irgendwelche Telefonnummern unter mein Bild oder „Du warst echt klasse, melde dich wieder!", oder „Das nächste Mal bringe auch deinen Bruder mit!", oder „Jeden Tag und jede Nacht hab ich nur an dich gedacht!" … und so weiter und so weiter. Im Prinzip fand ich alles ziemlich langweilig, aber sie liebten es!

Bald nach meinen ersten Filmen konnte ich unerkannt nirgendwo mehr hingehen; selbst bei meinen kleinen Schweinereien wurde ich ertappt. Ich weiß nicht, woran es lag, aber jedesmal, wenn ich mir bei McDonald's einen Burger ins Gesicht schob, kam jemand vorbei, der mich erkannte und mich zu meinem letzten Streifen beglückwünschte. Ich konnte nur ein unverständliches *„Thank you!"* prusten, und es war mir immer grottenpeinlich. Jeder weiß, wie unvorteilhaft es aussieht, wenn man einen Big Mac ißt!

Die lokale Prominenz hatte natürlich auch eine Menge Vorteile. Ich mußte niemals in West Hollywood Schlange stehen oder Eintritt für eine Diskothek bezahlen. Auch für meine Drinks war in der Regel gesorgt. Amerikaner gehen sehr viel leichter mit Ruhm und Glamour um, und die meisten Leute kommen direkt auf dich zu, wenn sie dich erkennen, und fragen nach einem Autogramm. Meist blieb es dabei, daß sie sich freuten, mich leibhaftig zu sehen.

Auch in Diskotheken habe ich oft Autogramme verteilt. Selbstverständlich war ich selten der einzige Pornostar im

Lokal, meist waren wir ein ganzes Rudel. Am meisten Spaß machte es, mit Kollegen auszugehen und eine Show vom Leder zu ziehen, kleine Späßchen zu treiben und dem Publikum etwas zum Hinsehen zu liefern. Als Pornostar bist du ein öffentliches Gut in WeHo, von dem man eine gewisse Unterhaltung erwartet, und sei es nur ein sexy Shirt, eine knappe Hose und ein bißchen Fummelei. Mit ein paar Freunden eng zu tanzen und dabei die gierigen Blicke der Zuschauer zu spüren hat mir immer viel Freude bereitet.

Besser ist es natürlich, für solche Auftritte bezahlt zu werden. Ich hatte häufiger die Ehre, auf Jeff Sankers Festen zu strippen. Was wäre West Hollywood ohne ihn? Jeff ist der ungekrönte Partykönig; seine Feten sind in der schwulen Subkultur immer angesagt. Einmal im Jahr veranstaltet er außerdem die „White Party" in Palm Springs, zwei Autostunden südöstlich von L.A. mitten in der Wüste.

Wenn ich sage, ich habe auf seinen Partys gestrippt, dann heißt das eigentlich immer nur herunter bis zum Tanga, Geschlechtsteile werden nicht gezeigt. Es ist also eher ein erotischer Tanz.

Ich bin ein Fan von Striptease. Wie der Name schon sagt, bist du zum Reizen da (englisch: *to tease*) und nicht zum Befriedigen. Du willst mit deiner Show die Leute soweit stimulieren, daß sie danach Lust auf mehr haben. Ich finde es eine wunderhübsche Idee, sich einen Strip anzuschauen und danach mit dem Partner mal wieder richtig guten Sex zu haben! Und wenn mich jemand dazu bringen kann, dann bin ich ihm doch dankbar dafür! Im allgemeinen waren Jeffs Gäste mir äußerst dankbar und mein Tanga dementsprechend voller schöner Dollarnoten. In bester Laune verbrachte ich den Rest des Abends.

Der Spaß hat aber stets ein definitives Ende in Kalifornien, und das ist um zwei Uhr. Um 1.45 nimmt dir jemand deinen Drink aus der Hand und schiebt dich Richtung Ausgang, nur um sicher zu sein, daß um Punkt zwei das Lokal geschlossen ist. Dann beginnt der *sidewalk sale*, der Schlußverkauf auf dem Bürgersteig. Alle cruisen herum und versuchen möglichst schnell noch jemanden für die Nacht zu finden.

Bis vor ein paar Jahren fand des Nachts in den Nebenstraßen West Hollywoods auch noch Autocruising statt. Stundenlang kurvten die Wagen durch die Wohnanlagen zwischen Melrose Avenue und Santa Monica Boulevard. Die armen Bewohner kamen zu so wenig Schlaf, daß mittlerweile Schilder an jeder Ecke das Abbiegen während der Nacht verbieten. Seither beschränkt sich der Männerfang auf einen kleinen Parkplatz, der im Volksmund „Vaseline Alley" genannt wird. Dort schaut man sich bei laufendem Motor gegenseitig hinter die Windschutzscheibe. So prickelnd wie eine abgestandene *Cola Light*, findet ihr nicht?

Am schönsten aber war es, Los Angeles, dieser Stadt der verlorenen Engel, für eine Weile den Rücken zu kehren. Rund um den Moloch gibt es die schönsten Winkel der Natur: Strände, heiße Schwefelquellen, Wasserfälle, bizarre Wüsten, in denen ich mit Freunden gezeltet habe. Zwischen Casting, Dreh und Fotoshoot waren immer wieder diese kleinen Fluchten möglich. Und es zog mich stets von neuem hinaus in diese großartige Natur, die man so gerne traumhaft nennt und die doch eigentlich viel realer ist, als das wirkliche Leben in Los Angeles.

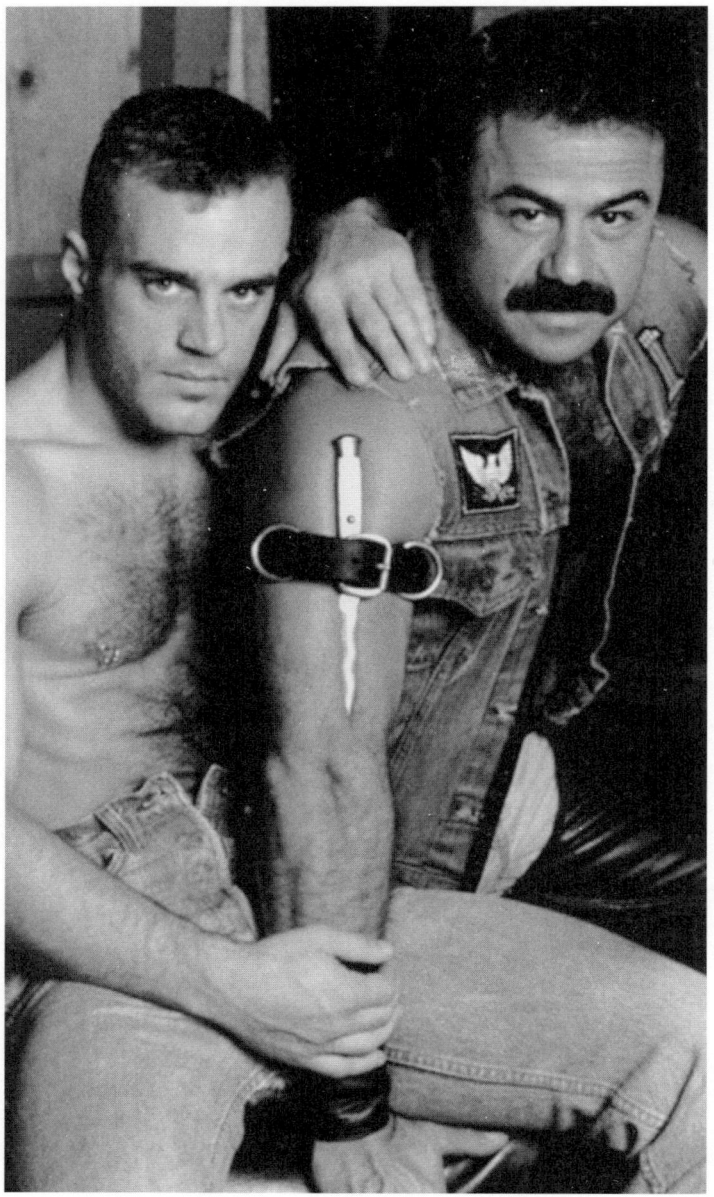

Sechstes Kapitel

Nackt im Jaguar

„Und was machst du beruflich?"

„Ich bin Pornostar."

Wie oft ist mir dieser Satz über die Lippen gerutscht, ohne daß ich je darüber nachgedacht hatte, was es den anderen eigentlich bedeutet, ein Pornostar zu sein. Solange du drehst, denkst du nicht an die Menschen, die sich vor deinem Abbild einen runterholen werden, die dich begehren, verehren, manchmal gar vergöttern um deines Körpers willen. Aber ohne sie bist du kein Star!

Fast alle Pornodarsteller in Los Angeles ziehen Nutzen aus ihrem *stardom*, aus der Tatsache, ein Star zu sein. Schwule Anzeigenblätter – vor allem die kostenlose L.A. Gazette *Frontiers* – ist voll mit Annoncen, in denen Pornostars ihre Dienste anbieten: zehn bis zwanzig Seiten mit Hunderten von Anzeigen! Es ist auch viel einfacher, mit einem Video-Background anschaffen zu gehen, denn die Leute, die dich anrufen, sind in der Regel deine Fans. Ist da drunter mal einer, der dich noch nicht kennt, dann schickst du ihn einfach in die Videothek und nennst ihm zwei, drei Filmtitel, die seinen erotischen Wünschen nahekommen. Die meisten melden sich dann wieder, denn es muß wohl etwas Besonderes sein, mit einen Star zu schlafen.

Das einzige Gerät, das man zum Anschaffen braucht – neben dem eigentlichen Gerät natürlich –, ist der praktische kleine Beeper, der in Amerika *pager* heißt. Wer in Los Angeles einen besitzt, ist entweder Arzt, Drogendealer oder Callboy. Ich hatte lange gezögert, mir einen zuzulegen, bis einige meiner Kollegen mich für verrückt erklärten, weil ich diese zusätzliche Einnahmequelle nicht nutzte. Immer öfter sprachen mich Fans an und fragten nach meiner Pagernummer, und ich merkte, es wurde Zeit, mir endlich einen zu kaufen. Zusätzlich schaltete ich zwei Anzeigen, eine in *Frontiers* für die einheimische Klientel und eine in *Advocate Men* für die schwulen Geschäftsleute, die in der Regel in Hotels unterkommen.

Meine Annonce lautete so:

> **Call of the Wild!**
> Wolff
> Simply the Best
> personal, professional, discreet
> Page Now! 213- ...

Ich bekam schnell mit, daß viele Männer meine großen deutschen Hände bewunderten, und spätestens nach *The Wild Ones*, einem Film, über den ich im nächsten Kapitel noch mehr erzählen werde, spezialisierte ich mich aufs Fisten. Das war sehr einfach, und ich mußte dabei nicht viel tun. Meine Kunden waren meist schon geduscht und lagen auf einem Laken oder im Sling bereit. In der Regel setzte ich mich einfach nur auf einen Stuhl, zündete mir eine Zigarette an, streifte den Handschuh über und begann sie zu fisten.

Ich zog mich nie aus für diese Termine, und die Zigarette beim Fisten war mein Markenzeichen. Die meisten törnte das ungemein an. Man muß dazu wissen, daß die Kalifornier in den neunziger Jahren ein groteskes Verhältnis zum Rauchen entwickelt haben. Fast überall ist es verboten, seit neuestem selbst in Bars und Nachtclubs. Es ist äußerst selten, daß man in einer Wohnung rauchen darf; meist wird man freundlich, aber bestimmt auf den Balkon geschickt. Es hatte also etwas ungeheuer Erniedrigendes für meine Kunden, sich mit einer Faust im Popo die Wohnung zuqualmen zu lassen.

Für einen Herrn mußte es sogar eine Zigarre sein. Er hatte ein paar illegale kubanische zu Hause und liebte es, wenn sein Penetrator während des Aktes cool eine Havanna rauchte. Stippte ich die heiße Asche auf seinen Rücken, kam er sofort. Ich ließ dann den Stumpen im Ascher und rauchte ihn beim nächsten Besuch weiter. Ich wette, mein Kunde hatte jedesmal einen Abgang, wenn er die Zigarre dort liegen sah und daran dachte, wie ich sie beim nächsten Mal fertig rauchen würde. Jedem Tierchen sein Pläsierchen – *different strokes for different folks*!

Ich hatte schnell eine Handvoll – ha, ha! – Stammkunden, die verliebt waren in die Künste des Mr. Hand, wie einige mich nannten. Meine durchschnittliche Arbeitszeit betrug eine Zigarettenlänge, nach fünf bis fünfzehn Minuten pflegten die Herren zu kommen und ich zu gehen. 500 Dollar in fünf Minuten zu verdienen ist doch kein schlechter Schnitt!

Neben den Fistgeschichten kamen auch immer wieder Aufträge von Leuten, die mich als „Escort" engagierten. Das hieß, sie auf offiziellen Anlässen zu begleiten, mit ihnen zu essen oder ins Theater zu gehen. Diese Männer bezahlten mich für die Zeit, die sie mit mir verbrachten, für das Prestige, mit einem Pornostar in der schwulen Öffentlichkeit gesehen zu werden. Ich hatte niemals Sex mit ihnen. Mir ist es nie wirklich klar geworden, warum diese Männer sich einen Pornostar mieteten, ohne mit ihm Sex zu haben. Aber ich vermute, es lag daran, daß sie ihre Fantasien nicht durch die schnöde Realität zerstören wollten, und ich bin mir sicher, daß so mancher sich einen billigen Stricher gerufen hat, nachdem ich sie angespitzt hatte und gegangen war. Eigentlich urkomisch, wenn es nicht auch traurig wäre.

Was passiert, wenn die Liebe zu Pornostars auf eine schier unendliche Menge Geldes trifft, durfte ich im Sommer 1994 erleben. Für einen stinkreichen Texaner wurde ich mit neun weiteren Pornostars nach Austin eingeflogen, um seinen Geburtstag zu versüßen. Eine weiße Stretchlimousine mit Bar und Fernseher brachte mich zum Flughafen, wo ich zum Rest der Truppe stieß. Ich kann mich nicht mehr an alle erinnern, aber da waren andere Pornogrößen dabei wie Blade Thomson und Bo Summers, Scott Baldwin und Tim Barnett, der zu dieser Zeit auch der Liebhaber des Geburtstagskinds war. Auch Sharon Kane und die L.A. Drag Queen Crystal Crawford sollten zu den Partygästen gehören.

Es gab Probleme beim Umsteigen in Houston, und wir mußten ein späteres Flugzeug nehmen. Der Pornostar in der Reihe vor mir tat während des Fluges auf superwichtig, flirtete die ganze Zeit mit der Stewardeß und erklärte ihr, daß er zu spät zu seinem Showauftritt kommen würde, woraufhin sie gleich nach einem Autogramm für ihre sechzehnjährige Tochter fragte.

Mein Kollege begann nervös nach einem Foto zu kramen, und was er schließlich fand, war eine Aufnahme, auf der sein nackter Arsch knapp die Hälfte des Bildes einnahm. Das einzige nennenswerte Kleidungsstück auf dem Foto war eine Straßfliege um seinen Hals.

„Oh, Sie sind Stripper!" sagte die Stewardeß.

Mein Kollege lief völlig rot an und verneinte.

„Aber ich bin Stripper, und ich schlafe auch mit Männern für Geld!" rief ich über die Sitzlehne. Da brach die Stewardeß in Lachen aus, warf meinem Kollegen einen verächtlichen Blick zu und zuckelte mit ihrem Wägelchen weiter.

In Austin wartete wieder eine Limousine, die uns in unser First-Class-Hotel brachte. Wir hatten gerade noch Zeit, uns frisch zu machen, und dann nichts wie ab auf die Party. Wir also wieder hinein in die Limo, die den ganzen Abend zwischen Hotel und Party pendelte. Ort des Geschehens war des Geburtstagskinds neueröffneter Nachtclub, ein mittlerweile bekanntes Striplokal. Der Geschäftsführer des Ladens hatte mit ein paar Freunden die gesamten Kosten für die Veranstaltung übernommen.

Als wir ankamen, war die Party schon in vollem Gange, und die festangestellten Haustänzer strippten auf Bühnen und Podesten. Die Jungs nahmen sofort eine feindselige Haltung zu uns ein, denn wir waren die VIPs aus Hollywood, die besser bezahlt wurden als sie. Alles, was wir zu tun hatten, war da zu sein und ein Geschenk zu überreichen.

Ein Angestellter des Hauses brachte uns schwarze Speedo-Badehosen und den ersten Drink. Der texanische Millionär hatte Crystal Crawfords Debütporno finanziert, und zur Strafe sang sie ihm nun auf der Bühne Chers *„If I could turn back time …"* vor. Wir schlossen uns an und wippten im Hintergrund in unseren neu errungenen Speedo-Hosen mit unseren teuer bezahlten Hüften. Danach traf ich Sharon Kane an der Bar, und wir entschlossen uns, genau dort zu bleiben und einer Reihe exotischer Drinks zu frönen, die natürlich alle umsonst waren.

So sah also die Geburtstagsparty eines texanischen Millionärs aus. Aha!

Wir zehn nackten Fegerlein aus Hollywood hatten erst einmal nichts weiter zu tun, als uns in Badehosen unter das Volk zu mischen und gut auszusehen. Ich erinnere mich hauptsächlich an eine Menge Cowboyhüte und daß ich verwundert war, wie häufig Klischees und Realität sich vermischen.

Dann kam unser eigentlicher Akt. Die Bühne hatte zwei Vorhänge, einen direkt an der Rampe, einen zweiten weiter hinten. Hinter dem zweiten Vorhang stand das Geburtstagsgeschenk: ein weißes Jaguar-Cabriolet mit weißen Ledersitzbezügen! Ein Zauberkünstler erschien – eine Art offen homosexueller Copperfield-Ersatz, und ließ den ersten Vorhang hochfahren, um den Gästen zu beweisen, daß sich nichts weiter auf der Bühne verbarg.

Als der Vorhang wieder runtergelassen wurde, schob man den Jaguar nach vorne. Dann erhob sich der erste Vorhang erneut, und wir saßen nackt zu zehnt im Wagen und riefen: *„Happy Birthday, David!"*

David, dem neureichen Texaner, standen vor Freude die Tränen in den Augen, und so sah er wohl wenig von der nackten Pracht, für die der Geschäftsführer seines Clubs ein kleines Vermögen ausgegeben hatte. Von ihm wurden wir alle bar bezahlt und erhielten obendrein reichlich Trinkgeld. Es stand uns natürlich frei, zu bleiben und uns weiter zu betrinken, doch ich zog es vor, mich frühzeitig zu verabschieden. Mein Terminkalender war voll, und ich mußte gleich am nächsten Morgen zurück nach Los Angeles und einen Tag später weiter nach Phoenix in Arizona.

Die Aids-Hilfe in Phoenix hatte den Catalina-Star Jonny Diamond und mich engagiert, um Aufklärung zu betreiben und Geld zu sammeln. Es war Christopher-Street-Day, ein Junitag in der Wüste bei knapp 45 Grad im Schatten. Die Temperaturen hielten aber freilich niemanden davon ab, Gay Pride zu zelebrieren. Fummeltunten mit Nylonstrümpfen und meterhohen Perücken schwitzten ebenso in der unbarmherzigen Sonne Arizonas wie Lederdaddys in Stiefeln und Chaps.

Die Aids-Hilfe hatte ein kleines Zelt aufgebaut, in dem sie eine Regenbogenfahne und drei Grünpflanzen aufstellte. Darüber hing ein Transparent: *„Pornstars care!"* Jonny und ich trugen ob der Hitze nur enge Shorts, und wer zehn Dollar spendete, durfte sich mit Jonny oder mir vor der Regenbogenfahne mit einer Polaroidkamera ablichten lassen. Das fertige Foto wurde anschließend in einem Papprahmen zusammen mit einem Kondom überreicht. Die Aktion war ein Riesenerfolg, und die Aids-Hilfe nahm eine Menge Geld

ein. Wer mich von Filmen her kannte, wollte sowieso ein Foto. Wer mich noch nicht kannte, wollte danach ein Video von mir kaufen. Das nennt man Synergie-Effekt!

Ich habe bei dieser Aktion gerne mitgemacht, denn Pornostars stehen mit dem Thema Sex in der Öffentlichkeit und haben meiner Meinung nach die Aufgabe, sich für Safer-Sex-Aufklärung einzusetzen. Und Pornodarsteller sind die idealen Informationsträger, wenn es darum geht, den Leuten zu zeigen, wieviel Spaß man mit Safer-Sex haben kann. Die meisten in Phoenix begnügten sich nicht allein mit dem Foto, fast jeder wollte mit mir reden, und in vielen Gesprächen ging es um intime Fragen. Als Pornostar war ich für diese Männer eine Kapazität in Sachen Sex und deshalb ein geeigneter Ansprechpartner. Ich fand es ungeheuer spannend, meinen Fans dabei zuzuhören, wie sie aus dem Nähkästchen plauderten, ohne daß sie es wirklich wollten oder merkten. Ich war die Sex-Schlampe, und sie wußten, was immer sie mir beichteten, ich würde sie nicht dafür verachten.

Mir war ja auch nichts fremd. Du kannst diesen Job nicht machen, wenn du Probleme mit irgendwelchen Sexpraktiken hast. Du mußt dich mit deiner Sexualität auseinandersetzen, sonst gehst du irgendwann kaputt. Gleichzeitig bringt der Job eine Menge Einsichten in Sachen Sex, die du dann anderen weitergeben kannst.

Wie schon erwähnt, hat es mich zum Beispiel immer gestört, daß in unseren Filmen das Kondom wie von Zauberhand erscheint. Und an diesem Sonntag in Phoenix erfuhr ich, daß nicht wenige Zuschauer tatsächlich ein Problem damit haben, daß ihr Überziehen länger dauert als in einem Pornofilm.

„Was mache ich falsch, Wolff?" hörte ich andauernd.

Ich erzählte ihnen von einem meiner Filme, in dem ich das Kondom mit dem Mund überziehe. Ich lege dazu das Gummi vor die Zähne, schließe die Lippen um den Schwanz meines Partners und stülpe es über, während ich langsam über Eichel und Schaft heruntergleite. Wer danach keine

Pause macht, sich den Schweiß von der Stirn wischt und laut „Gott sei Dank, es ist nicht gerissen!" brüllt, sondern einfach eine Zeitlang genußvoll weiterbläst, wird merken, daß sein Partner immer öfter nach einem Gummi fragt. Es ist mir schon passiert, daß ich jemandem einen geblasen habe, und wenn er sagte: „Warte mal, laß mich schnell ein Gummi holen!" hatte er es schon über dem Schwanz.

Am frühen Nachmittag verabschiedete ich mich von den Mitarbeitern bei der Aids-Hilfe und eilte zur Hauptbühne des Festplatzes, wo ich für zwei kleine Shows gebucht war. Die Hitze war unerträglich, und ich freute mich darauf, strippen zu können. Die erste Nummer war für 16 Uhr geplant und sollte fünfzehn Minuten dauern.

Niemand macht sich eine Vorstellung davon, wie lange eine Viertelstunde sein kann, wenn man sie auf einer Bühne zubringt, und wieviel man anziehen muß, um sich fünfzehn Minuten lang auszuziehen. Ein guter Stripper sollte sich vor dem Kleiderschrank schon etwas einfallen lassen, sonst steht er später ganz schön blöd da.

Ich fing an mit einem australischen Wildleder-Cowboyhut, einem langärmeligen Jeanshemd, braunen Wildleder-Chaps und schwarzen Stiefeln, darunter eine blaue abgeschnittene Jeans und ein weißes Unterhemd, das ich an der Seite eingeschnitten hatte, damit ich es mir mit einem Ruck vom Leib reißen konnte. Unter all dem trug ich durchsichtige Boxershorts und schließlich einen kleinen schwarzen nietenbesetzten Ledertanga.

Ich kam heraus mit einer großen Schüssel Kondome, die ich vom Stand der Aids-Hilfe mitgenommen hatte, und verteilte sie unter das johlende Publikum. Dazu ertönte meine Anfangsmusik vom Band: Ethel Mermans „Gee, I'm glad to be here!"

Am Ende des Songs stand ich in Jeans-Shorts und abgeschnittenem Hemd da, den Tanga sparte ich mir für die nächste Runde auf. Ich verschwand kurz hinter der Bühne, zog eine schwarze Lederjacke an und setzte mir eine Ledermütze auf. Dazu trug ich eine verspiegelte Sonnenbrille. Zu den ersten Takten von *„Born to Be Wild"* sprang ich wieder auf die Bühne und ging zum zweiten Teil über. Am Ende stand ich im Ledertanga da. Die Wüstenbewohner Arizonas kreischten vor Begeisterung.

Sinéad O'Connor erklang. Zu ihrem Song *„Put Your Hands on Me"* hatte ich mir für die Show am Abend etwas Besonderes ausgedacht. Ich hatte Leuchtfarben auf einem Tablett vorbereitet und lief damit durchs Publikum, ergriff wahllos Hände, tauchte sie in die Leuchtfarbe und drückte sie auf meinen nackten Körper: *„Put your hands on me …"*

Den Körper voller Abdrücke sprang ich zurück auf die Bühne und duschte mich mit einer Flasche Mineralwasser ab. Mit der verwischten Leuchtfarbe auf der Haut und in ekstatischer Bewegung ging ich in den Endspurt mit Tina.

Tina Turner würde sicherlich feucht werden, wenn sie wüßte, was ich aus *„I Don't Wanna Fight No More"* gemacht habe! Ich gab alles und tanzte, als hätte ich den Song zum ersten Mal gehört. Die Zuschauer waren völlig aus dem Häuschen, und hauptsächlich die Lesben stürmten nach vorne und stopften mir endlos Trinkgeld in den Tanga. Warum die Frauen in Phoenix so gut auf die Show abgingen, weiß ich nicht, aber auf diesem CSD waren sie eindeutig der lebendigere Kern.

„Wenn ich gewußt hätte, wie sehr ihr mich mögt, hätte ich mir einen größeren Tanga gekauft!" rief ich, warf Küßchen in die Runde und verschwand hinter der Bühne. In der Masse sind Fans wirklich einfach zu befriedigen.

Schwieriger wird es, wenn sich jemand in dich verliebt. Liebesbriefe, Blumen und selbst Geschenke erwarteten mich oft in den Hotels oder Theatern, in denen ich aufgetreten bin. Ich fand es ziemlich lustig, vor einem Nacktauftritt rote Rosen in der Garderobe vorzufinden. Das zeigte zwar die gute Schule des Verehrers, aber es war mir einfach zu romantisch. Völlig unangebracht!

Einer meiner Fans schenkte mir einen sterlingsilbernen Geldscheinhalter in Form eines Dollarzeichens. Auf der beigelegten Karte stand: „Damit das ganze Geld, das du verdienst, nicht so lose in deinen Taschen herumfliegt!" Wie besorgt er um mich war! Nicht selten bekam ich Tangas oder andere Unterwäsche geschenkt, in denen meine Fans mich wohl gerne gesehen hätten.

Eines Abends kam ich ins Theater, es war das Nob Hill in San Francisco, um meine dritte Show an diesem Tag zu absolvieren, als ich in meiner Garderobe ein verschnürtes Paket vorfand.

„O Gott!" dachte ich und bekam vor lauter Aufregung hektische Flecken ins Gesicht – und das so kurz vor meinem Auftritt! Ich riß das Paket auf und dachte im geheimen an Designerklamotten oder Schmuck oder vielleicht sogar eine echte Rolex.

Ich holte eine Menge Papier aus dem Paket, bis ich zu einem Porzellanteller kam, den ich entnahm, um weiter Papier und nichts als Papier aus dem Karton zu fischen. Ein Porzellanteller also! Ein Porzellanteller mit einem Koalabären darauf. Mein Verehrer war offensichtlich Australier. Da fiel mir nur noch der Komiker Otto ein, der bei so einer Gelegenheit zu sagen pflegte: *„That can't be … that can't be … that can't be … all!"*

Meine Tänzerkollegen sahen mein verwirrtes Gesicht und fingen laut an zu lachen, als ich den beiliegenden Brief vorlas:

„Hoffentlich erreicht dich das Paket noch im Theater. Ich hoffe sehr, deinen Geschmack getroffen zu haben."

Ich hielt mir den Teller an Kopf, Brust und Hüfte und scherzte mit meinen Kollegen: „Er gefällt mir ja, aber ich habe keine Ahnung, wie man ihn trägt!"

Wir lachten alle sehr herzlich, und ich las den Brief zu Ende vor: Ich war eingeladen nach Australien! Nun bin ich unglücklicherweise in Australien schon gewesen, und der Gedanke reizte mich überhaupt nicht. Ein Kollege sagte: „Dann segle doch lieber mit auf der Jacht, auf die dich der Typ gestern eingeladen hat!"

Wir konnten uns vor Lachen kaum halten, denn wir hatten den Herrn Jachtbesitzer noch in schauriger Erinnerung. Nein, Nein, und nochmals: Nein! Wir waren uns alle einig: Es ist viel zu anstrengend, mit einem Verehrer zu verreisen. Meinen Urlaub zahle ich mir selbst und kein anderer! Wie ich das Geld verdiene, ist eine andere Sache, aber ich möchte mich niemals einem Fremden so ausliefern.

Es hatte für mich immer etwas Amüsantes, für einen Nacktauftritt bewundert zu werden. Ich hatte mir vorher keine Gedanken darüber gemacht, wie weit die Liebe mancher Verehrer reicht. Nach einer meiner Shows, zum Beispiel, klopfte es an der Hotelzimmertür. Ich war gerade mit Duschen fertig, nur mit einem Handtuch bekleidet und erwartete den Zimmerservice, der mir Hamburger mit Pommes Frites zum Abendessen bringen sollte. Vor der Tür stand zu meiner großen Überraschung aber ein wildfremder Mann um die Dreißig mit einer Rose in der Hand. Er fragte nach einem Autogramm und hielt mir einen Stift und eines meiner Nacktfotos entgegen, das er aus irgendeiner Zeitschrift ausgerissen hatte. Was sollte ich tun? Genervt und hungrig gab ich seinem bettelnden Blick nach; bei halbgeöffneter Tür und fast nackt signierte ich die Seite. Als es fünf Minuten später erneut klopfte, schaute ich sicherheitshalber durch den Türspion. Diesmal war es der Burger.

Natürlich tut es gut zu spüren, daß man nicht einfach nur Porno macht, sondern daß es Leute gibt, die darauf warten, mehr von dir zu sehen. Deine Fans sind dir wichtig, weil sie dir das Feedback geben, das du brauchst, um weiterzumachen. Bekommt man die Rückmeldung von Presse und Fans nicht mehr, sollte man vielleicht besser aufhören. Das ist auch ein Grund, warum Pornokollegen – und ich mit eingeschlossen – gerne mit Präsenten und Aufmerksamkeiten von unseren Fans prahlen. Sie sind der Beweis, daß man noch begehrt ist. Und wem geht so eine Bestätigung nicht runter wie Butter?

In San Francisco stand ich einmal bei einem Bäcker im Castro-Viertel, um zwei Becher frischaufgeschäumten Cappuccino und ein paar Sandwiches für meinen Freund Adrian Gronsky und mich zu holen. Ich sollte die unverschämte Summe von 15 Dollar bezahlen und war kurz davor, zu explodieren, als der Herr hinter mir mich ansprach und bat, dafür aufkommen zu dürfen.

„Du hast mir schon so oft viel Freude bereitet. Ich würde mich gerne bei dir revanchieren", sagte er.

Wenn es ihm Spaß macht, möchte ich ihm diese Freude natürlich nicht nehmen.

„Vielen Dank! Und vergiß nicht, meinen neuesten Film zu kaufen."

Einmal war ich schon fast auf dem Weg nach Oakland, einem von San Franciscos Flughäfen, weil ich nach Los Angeles fliegen mußte. Ich wollte nur noch schnell mal runter zur Castro Street, um mir einen Kaffee zu besorgen, denn Adrian hatte nie welchen zu Hause. Da sprach mich ein älterer Schwuler an, ob ich nicht Wolff sei.

Ich sagte ja und ließ ihn wissen, daß ich keine Zeit hätte und mich gleich mit der U-Bahn Richtung Oakland aufmachen müsse. Oakland ist nicht gerade nah, und der Weg mit den öffentlichen Verkehrsmitteln dauert anderthalb Stunden. Er sagte, daß er sich gerne mit mir unterhalten würde, und wenn es mir nichts ausmache, würde er mich gerne im Auto zum Flughafen bringen.

Ich hätte zweimal umsteigen und für das letzte Stück zusätzlich einen Shuttle-Bus nehmen müssen. Und natürlich hatte ich mich schon wieder verspätet und war keinesfalls sicher, das Flugzeug überhaupt zu kriegen. Ich war sehr dankbar, denn sein Angebot gab mir etwas mehr Zeit. Was würde man in so einer Situation ohne Fans machen? Die Maschine verpassen?

Ich spürte immer wieder das Gefühl gegenseitiger Dankbarkeit, wenn Fans mir begegneten. Sie waren dankbar für die Gefühle, die ich ihnen bescherte, live oder auf Video. Und ich war dankbar dafür, von ihnen begehrt zu werden, denn eine Regel kannst du dir merken: Wenn sich keine Fans mehr melden, melden sich bald auch keine Produzenten mehr.

Natürlich ist es schwer, deine Popularität zu messen. Die Verkaufszahlen der Videos, in denen du eine tragende Rolle spielst, sind sicherlich ein Maßstab. Ein weiterer sind seit sechs Jahren die Gay Video Awards.

Diese jährliche Veranstaltung in der schwulen Pornoindustrie ist den Adult Video News Awards in Las Vegas abgeschaut, auf denen die gesamte Pornowelt zusammenkommt, um ihre Heldinnen und Helden zu feiern. Und diese Preisverleihung wiederum ist von den Oscars abgekupfert, die bekanntlich jedes Jahr unter allen SchauspielerInnen verlost werden, die sich nicht trauen, in Hardcore-Produktionen mitzuspielen.

Die Gay Video Awards finden meist in einem der alten, ehrwürdigen Filmtheater Hollywoods statt. Alle machen auf doll, und ich lieh mir für die Awards von meinem Nachbarn einen Smoking, unter dem ich nur ein kleines Netzhemd trug. Dazu setzte ich eine Brille mit Fensterglas auf, um ein wenig das Gefühl eines Joop-Models rüberzubringen. Alle anderen waren natürlich ebenso aufgetakelt, und es war oft sehr schwierig, Bekannte ausfindig zu machen. Schließlich hatte man die meisten bisher nur nackt gesehen. Ich fand es aber ungeheuer witzig, das ganze Nacktbusineß so aufgemotzt zu sehen.

Langsam füllte sich das Parkett mit den VIPs und Nicht-ganz-so-VIPs; die Fans strömten nach oben in den Rang. Überall klickten Fotoapparate, surrten Kameras. Ich war mit dem Regisseur Durk Dehner gekommen, mit dem ich im gleichen Jahr das Video *The Wild Ones* gedreht hatte. In den

Monaten nach dem Dreh waren wir uns auch nähergekommen. Natürlich hofften wir auf einen Preis.

Die Awards 1994 standen ganz unter dem Zeichen des Todes von Joey Stefano. Der Superstar des Schwulenpornos war erst wenige Tage vorher an einer Überdosis gestorben, und unter den Leuten im Parkett machte die Geschichte seiner letzten Stunden die Runde. Man fand ihn in seinem Hotelzimmer, die Spritze mit dem tödlichen Cocktail aus Speed und Heroin noch im Unterarm – derselbe Cocktail übrigens, an dem kurz zuvor River Phoenix vor Johnny Depps Lokal gestorben war. Joeys Dealer, so munkelte man, sei noch bei ihm gewesen und hätte ihn retten können. Er soll aber so in Panik geraten sein, daß er den Notarzt zu spät benachrichtigte.

Der Abend begann mit einem Videoclip in Gedenken an Joey. Im Theater war es mucksmäuschenstill. Während Musik von Annie Lennox erklang – das Stück *„Primitive"* aus ihrem *Diva*-Album –, schauten Hunderte tränenerfüllter Augenpaare auf die Leinwand. Von dort schaute uns Joey in seiner unnachahmlich direkten Art an – in Dutzenden von Fotos, die in aller Eile jemand zu einer Video-Collage zusammengestellt hatte. Die Bilder gingen allen nahe, ob sie Joey persönlich kannten oder nicht.

In der Pause setzte sich Chi Chi an unseren Tisch und erzählte, sie hätte noch in der gleichen Nacht, in der Joey starb, einen seltsamen Traum gehabt, in dem Joey eine Rolle gespielt hatte. Chi Chi litt entsetzlich an diesem Abend. Schließlich hatte sie Joey für die Pornoindustrie entdeckt und machte sich furchtbare Vorwürfe: Hatte sie ihn in eine Maschinerie gebracht, die ihn am Ende zermalmte? Wir versuchten sie zu trösten, denn sie trug natürlich keine Schuld an seinem Tod. Es machten Gerüchte die Runde, Joey sei HIV-positiv gewesen und habe sich den Goldenen Schuß gesetzt. Chi Chi aber war sich sicher, daß es ein Unfall war, denn Joey war zu lebensfroh, um Selbstmord zu begehen. Er war jedoch auch ein gebrochenes Kind aus kaputten Verhältnissen – keine Seltenheit in unserer Industrie.

Nach der Pause begann eine Versteigerung von persönlichen Erinnerungsstücken zugunsten der Aids-Stiftungen. Es waren alles Sachen, die Joey während seiner Pornokarriere in Filmen oder auf Fotos getragen hatte. Eine Lederjacke war dabei, die er auf seinem letzten Boxcover trug, T-Shirts und einiges mehr. Ich bot mit, habe aber leider nichts ergattert.

Seltsam genug war dann der Übergang zur Awards-Verleihung; der Porno-Alltag kehrte zurück. Als die Kategorie Special Interest – Fetisch und Sado/Maso also – aufgerufen wurde, stieg die Spannung an unserem Tisch:

„And the winner is …"

Ich spürte, wie Durks Hand sich fester um die meine schloß.

„… The Wild Ones!"

Jubel an unserem Tisch! Wir sprangen auf und umarmten uns. Mit stolzgeschwellter Brust sprang Durk in zwei, drei großen Sätzen auf die Bühne und nahm die goldene Statuette entgegen, die dem großen Oscar so verdammt ähnlich sieht. Unsere Arbeit hatte sich gelohnt!

Sharon Kane

Ich lernte Holger bei einer Party der Tom of Finland Foundation kennen. Ich sang eines meiner Lieder: *„I'm Your Mistress"*, und er tanzte dazu im Sklaven-outfit. Er war immer bewundernswert sexy, einfach eine geile Sau, und das fand ich großartig. Ich war immer sexuell von ihm angezogen. Einmal war ich bei ihm zu Hause, und ich weiß noch, wie ich da saß und dachte: Könnten wir nicht einfach miteinander schlafen? Aber ich war zu schüchtern, und er hat den ersten Schritt auch nicht gemacht.

Was unterschied ihn von anderen Pornostars?

Er war sehr unabhängig und arbeitete nie mit einem Agenten zusammen. Er nahm niemals Anabolika. Das Wichtigste aber ist wohl, daß er wirklich auf Sex abfährt. Und das sieht man in allen seinen Filmen.

Andere Pornostars fahren nicht auf Sex ab?

Es gibt einige, die den Sex vor der Kamera nicht genießen. Man kann das immer sehen. Sie kriegen kaum einen hoch. Ihr Gesicht spricht Bände. Aber sie machen weiter, weil sie nichts anderes können, um Geld zu verdienen.

Du warst mit Holger auf der Party dieses reichen Texaners in Austin. Warum sind Menschen wie der so fixiert auf Pornostars?

Pornostars repräsentieren den ultimativen Sex. Solche Fans denken, du bist der personifizierte Sex, mit dem man alles machen kann und der für sie ihre Fantasien auslebt. Sie heben dich auf ein Podest, du bist *bigger than life* für deine Fans, während du in Wahrheit doch nur ein ganz normaler Mensch bist.

Warum tun das die Fans?

Viele sind süchtig nach Pornographie, weil sie nicht in der Lage sind, ihre eigene Sexualität auszuleben. Sie projizieren ihre unterdrückten Fantasien auf die Menschen, die sie auf der Leinwand sehen, und hoffen damit, einen Weg aus ihrer Unterdrückung zu finden.

Kann Porno das leisten – oder hält er am Ende seine Zuschauer nicht doch weiter davon ab, ihre eigene Sexualität zu leben?

Das hängt völlig vom Einzelnen ab. Er kann es als ein Hilfsmittel benutzen, um seine Sexualität zu leben, oder es wird zu einer zwanghaften Gewohnheit. Porno selbst ist weder gut noch schlecht. Er ist ein Phänomen unserer Wirklichkeit, und man kann ihn benutzen, um etwas über seine Sexualität zu lernen: Was macht mich an? Wie kann ich bekommen, was mich befriedigt? Wer sich selbst prüft, kann durch Porno mit den eigenen sexuellen Verhaltensmustern bewußter umgehen.

Andere bleiben einfach darauf hängen. Und wenn du genau hinschaust, sind das die Leute, die auch auf anderen Dingen in ihrem Leben einfach hängenbleiben. Pornographie ist ein Spiegel für jene, die bereit sind, hineinzuschauen. Hör dich um: Fast jeder hat eine Meinung zu Pornographie, und die reflektiert immer seine innere Sichtweise auf Sexualität und am Ende auf die Wirklichkeit.

Wie wichtig ist das Publikum für einen Pornostar?

Für die meisten ist das Publikum weit weg. Sie denken nicht darüber nach. Ein paar haben Fanclubs. Wenn sie über ihren Zenit sind und durch die Lande von Stripclub zu Stripclub touren, kommen sie meistens zum ersten Mal in Kontakt mit ihren Fans. Solange sie in der Industrie sind, gibt es aber keine wirklichen Berührungspunkte.

Du kennst beide Seiten der Pornowelt, die heterosexuelle und die schwule. Wo sind die Unterschiede?

Die Hetero-Pornowelt ist sehr schwulenfeindlich. Vor allem die Männer sind homophob. Für Frauen ist es okay, Sex miteinander zu haben, aber die Männer fassen sich untereinander nicht an. Es gibt mehr Spannungen auf einem Hetero-Set, das männliche Ego dominiert. Natürlich habe ich in meinen Jahren im Hetero-Busineß auch Männer getroffen, die ich mochte, aber ich würde immer lieber mit Schwulen oder Bisexuellen zusammenarbeiten.

Im Hetero-Porno ist die Geschlechterfrage immer virulent: Männer beuten Frauen aus. Das fehlt im schwulen Porno. Macht das die Arbeit angenehmer?

Aber Porno ist immer Ausbeutung! Das ist grundsätzlich so, ob unter Männern oder zwischen Mann und Frau! Ich würde nie behaupten, daß es keine Ausbeutung ist.

Wieso?

Weil du Leute dazu bringst, für Geld etwas zu tun, daß sie ohne Geld nicht tun würden.

Das ist in jedem Beruf so.

Richtig. Deswegen werden wir alle ausgebeutet. Im schwulen Porno geht es allerdings schon etwas familiärer zu als bei den Heteros.

Woran liegt das?

Ich glaube, männliche Sexarbeit wird von der Gesellschaft mehr akzeptiert als weibliche. In dieser Gesellschaft wird Männern viel leichter eine Sexualität zugestanden. Darum haben die Schwulen es einfacher. Ich denke, die Produzenten, die Frauen für sich arbeiten lassen, respektieren sie nicht. Es hat sehr viel mit Respekt zu tun. Die meisten Frauen sind außerdem sehr jung und stammen oft aus kaputten Familien, wenn sie zum Porno kommen. Ich hatte zu Beginn meiner Karriere nirgendwo gelernt, Nein zu sagen, und ich habe lange gebraucht, bevor ich sagen konnte: Soweit kann ich gehen, und hier ist die Grenze! Ich lernte Männer kennen, die sich nicht darum scherten, wie ich mich fühlte. Es ging nur um sie und ihren Schwanz: „Ich muß ihn hochbehalten, und deswegen rammel ich dich jetzt durch, damit wir über die Szene kommen! Hauptsache, ich habe meinen Spaß dabei."

In der Bi- und Homo-Industrie hatte ich stets mehr Kontrolle bei meiner Arbeit. Alle sind viel sensibler, und es herrscht eine andere Grundstimmung. Man akzeptiert sich als Teil einer großen Familie. Die Leute interessieren sich wirklich dafür, wie es dir dabei geht.

Weil sie schwul sind?

Vielleicht. Ich kann ja nur über meine Erfahrung sprechen. Sicherlich spielt es eine Rolle, daß Schwule im Durchschnitt ein paar Jahre älter sind, wenn sie mit Porno anfangen. Sie sind außerdem Männer, das heißt, sie haben gelernt, den Mund aufzumachen, wenn ihnen etwas nicht paßt. Und sie erleben gemeinsam eine Unterdrückung von außen, die zusammenschweißt.

Was würdest du einem jungen Schwulen raten, der auf dich zukommt und sagt: Ich möchte Pornodarsteller werden!

Ich würde ihn mir zuerst genau anschauen. In der Industrie gibt es drei Klassen von Models: C-Models arbeiten in den absoluten Billigproduktionen, und niemand kennt ihre Namen. B-Models sind zum Teil ehemalige A-Models, die man zu oft in Filmen gesehen hat, zum anderen Teil sind es Jungs, die okay sind, aber nicht den Super-Körper haben. Dann gibt es die wirklichen A-Models, „Falcon exklusiv" und so weiter.

Wenn der Junge ein A-Model werden möchte, aber nur wie ein C-Model aussieht, würde ich ihn ins Sportstudio schicken und ihm eine neue Frisur verpassen. Wenn er einfach nur ein bißchen Geld verdienen will, würde ich ihm sagen: Erwarte nicht, daß du ein Star wirst, wenn du in Billigproduktionen mitspielst, denn das wird an dir kleben bleiben. Wenn du anschließend dein Outfit nicht drastisch änderst, hast du keine Chance, in High-Class-Produktionen mitzuspielen.

Muß man ein positives Verhältnis zum Sex haben, um Porno zu machen?

Es hilft sicherlich. Wenn du es nicht besitzt, steht dir eine Menge Arbeit bevor. Wenn du Probleme mit Sexualität hast, dann entehrst du deine eigene Arbeit und dich selbst. Aber du kannst durch Porno auch lernen, ein positives Verhältnis zur Sexualität zu entwickeln.

Kann man sich auf den Beruf so vorbereiten, daß man ihn später ohne Schaden wieder verlassen kann?

Ja. Du mußt dir im klaren sein, daß es meistens nach zwei Jahren vorbei ist. Ich warne jeden vor seinem eigenen Ego. Wenn der Starrummel anfängt, steckst du auf einmal so mittendrin, daß es dir schwerfällt, zu akzeptieren, daß es nicht immer so weitergeht. Fasse einen Plan für die Zeit danach, sonst brennst du aus und stürzt ab wie der Pornostar Joey Stefano. Er ist das klassische Beispiel. Seine Drogenprobleme hatten sicherlich auch damit zu tun. Aber grundsätzlich wurde er nicht damit fertig, daß er einmal ganz oben war und daß seine Popularität zurückging. Nicht, daß die Fans ihn vergessen hätten – die Industrie konnte ihn nicht länger in dem Maße benutzen, wie sie es vorher getan hat! Habe deinen Plan B parat, verlaß dich nicht auf Porno!

Siebtes Kapitel

Fäuste & Billardkugeln

„Action!"

Ich bin mit allen Vieren auf einem Billardtisch; mein nackter Hintern reckt sich appetitlich in die Höhe. Rechts steht Zak Spears, nur in ein Paar Lederchaps gekleidet, die ihm eine Spur zu groß sind. Sein Brusthaar flimmert im Gegenlicht. Auf das Zeichen des Regisseurs beginnt er mir mit der linken Hand langsam den Arsch einzuschmieren. Mit seiner rechten zaubert er plötzlich eine weiße Billardkugel aus dem Nichts.

Ganz sachte und ruhig schiebt er mir die Kugel in den Hintern. Ich presse, denn Pressen öffnet den Schließmuskel. Zak läßt mir alle Zeit der Welt. Schließlich verschwindet der Cueball in mir.

„*Good boy!*" sagt Zak und lächelt.

Es ist aber erst die halbe Miete. In Zaks Faust dreht sich eine zweite Kugel – die schwarze Acht. Auch sie findet ihren Weg in meinen Unterleib, von Zaks großen Händen sanft dirigiert. Für ein paar Sekunden lugt noch ein schwarzer Knopf zwischen meinen Backen hervor, wird schmaler und schmaler und verschwindet endlich ganz.

„Ja, gut gemacht!" ruft Zak und klatscht mir anerkennend auf die Arschbacke.

Gegenschnitt auf mein Gesicht. Schweißtropfen rinnen mir die Schläfen herab. Ich halte die Augen geschlossen in ekstatischer Konzentration. Auf meiner Stirn schwillt eine Vene. Ich presse!

Schnitt.

Zaks große Hand nimmt die erste Billardkugel in Empfang. Weißes Fett spritzt auf den Tisch, und ein dicker Tropfen, der fast wie Sperma aussieht, läuft mir zwischen den Beinen hinunter.

Die zweite Kugel kann nicht länger warten. Wie ein Geschoß fliegt sie heraus, an Zak vorbei und landet außerhalb des Kamerawinkels. Befreit und in einem Rausch aus Schmerz und Lust bäume ich mich auf und falle hinterrücks in Zaks offene Arme. Seine Zunge gräbt sich in meinen Mund. Ich umfasse seine Schultern, drehe mein Gesicht zu seiner Brust, rutsche mit den Lippen zu seinem Brustring hinunter, bahne meinen Weg zu seiner Achselhöhle hinauf, in der sich mein Gesicht vergräbt. Aus seinen Augen blitzt Achtung vor diesem *German boy*.

Die gespannte Stille am Set löst sich in beifälliges Gemurmel. „Cool", sagt Durk, der Regisseur. „Hot!" entfährt es dem Tonassistenten, zu dessen Füßen die fettige weiße Kugel glänzt.

Die Billard-Szene aus *The Wild Ones* ist mit Sicherheit die wichtigste in meiner Pornokarriere gewesen. Seit diesem Tag bin ich „der mit den Billardkugeln", wo immer ich auftauche. Sie war aber noch mehr. Mit dieser Szene verabschiedete ich mich nach anderthalb Jahren Porno von meinem Image als „netter Junge von nebenan" und tauchte in die Welt von Leder, Fetisch und SM ein. Endlich wendete ich mich auch vor der Kamera den Dingen zu, die mir privat schon seit meinen Berliner Zeiten wirklichen Spaß gemacht hatten.

Mir war klar, daß viele Firmen mich nach dieser Szene nie wieder engagieren würden, doch das war kein großer Verlust mehr für mich. Ich hatte etwas ganz anderes gewonnen: künstlerische Freiheit in einem Busineß, in dem ansonsten

ein Gewirr aus Regisseuren, Produzenten und Agenten eine allzu willfährige Truppe von Darstellern mehr oder weniger fest an der Kandare hält. Und ich fand eine große Liebe!

Durk Dehner war mir ein Begriff seit den Anfangstagen in Hollywood. Als ich ihn zum erstenmal sah, war ich von seiner Erscheinung schockiert und dachte nur: „Um Himmels willen, wer ist das denn?" Durk trägt Leder in einer schlampigen Art, die ihn von den gestriegelten Lederschwuchteln der kalifornischen Fetischszene unterscheidet und die ihn ernsthaft brutal wirken läßt. Sein Gesicht mit der leicht schiefen Nase, den schmalen, zusammengepreßten Lippen, gepaart mit seinen stahlblau blitzenden Augen, dem blonden Schnurrbart und dem Ziegenbärtchen verleiht ihm einen wilden, fast barbarischen Ausdruck.

Es war eine Lederbar im Stadtteil Silverlake, wo wir uns das erste Mal vorgestellt wurden: „Schön, dich kennenzulernen!" sagte ich höflich und spürte, wie ich zwischen Anziehung und Ablehnung schwankte. Von da ab grüßten wir uns, wenn wir uns sahen, aber mehr passierte nicht.

Durk, Mitte Vierzig, ist der Präsident der Tom of Finland Foundation and Company, einer Gesellschaft in Los Angeles, die es sich zur Aufgabe gemacht hat, das Erbe des großen schwulen Erotikkünstlers zu pflegen. Außerdem hatte er seine eigene Filmproduktion gegründet: Renegade Studios. Irgendwann kam mir zu Ohren, daß Durk seinen ersten Pornofilm plante. Ich wollte natürlich dabei sein und rief ihn sofort an.

Er lud mich zu einem Gespräch in sein Haus in Echo Park ein, nicht weit von Downtown Los Angeles. Er wollte mein Verhältnis zu Tom of Finland wissen und fragte mich nach einer persönlichen Fantasie, die ich in seinen Film einbringen wollte.

Ich erinnerte mich an eines der Tom of Finland-Hefte, *kake*, die ich als Teenager in den Händen gehalten und nie wieder vergessen hatte. In einer dieser Geschichten wird ein Polizist von ein paar Lederkerlen in ein Lokal gezogen. Dort fallen sie auf dem Billardtisch über ihn her, spritzen nacheinander in seine Polizeimütze ab und er muß daraus trinken.

„Die Trinkszene am Ende könnte man sich sparen", sagte ich, „aber diese Fantasie hat mich ein Leben lang begleitet, und ich hätte tierisch Lust, sie umzusetzen!"

„Genau darum geht es mir", sagte Durk. „Ich will die Fantasien meiner Darsteller realisieren und der Kamera echten und ehrlichen Sex zur Verfügung stellen."

Das klang vielversprechend. Durk schenkte mir zum Abschied ein Tom of Finland-Buch und ein T-Shirt, und ich fuhr gutgelaunt den Highway 101 zurück nach Hause. Unser erstes Gespräch hatte mir Durk schon wesentlich sympathischer gemacht. Dieser Mann stach heraus aus der Masse der eitlen, stets mit sich selbst beschäftigten Schwulen, die ich bislang in Los Angeles kennengelernt hatte.

Von da an meldete ich mich regelmäßig bei Durk, um mitzubekommen, was sich so tat. Aus unseren Telefonaten hörte ich heraus, daß er einfach nicht wußte, wie er mich in seinen Film einbauen sollte, denn augenscheinlich hatte er keine Ahnung, mit wem ich am Set zusammenarbeiten könnte. Allein der Billardtisch stand fest, denn der Dreh war im *Eagle* geplant, einer Leder- und Levis-Bar in West Hollywood. Ich merkte bald: Wenn ich mich nicht stärker einbringe, fallen meine Chancen auf eine Rolle gegen Null.

Nach einem dieser Telefonate saß ich gedankenversunken in meinem Apartment. Mein Blick streifte über das Durcheinander von Dildos, Buttplugs und anderem Spielzeug neben dem Bett, und mittendrin lagen die beiden Billardkugeln, die ich aus Deutschland mitgebracht hatte, und die ich seit meinem kleinen Selfmadeporno in Kreuzberg immer wieder für mein persönliches Vergnügen verwendet hatte.

Das war es! Ich wartete einen Tag, um Durk nicht auf die Nerven zu fallen, dann rief ich ihn an und erzählte ihm von meiner Idee. Er war sofort Feuer und Flamme, und ich hatte meine Rolle in *The Wild Ones*. Wie so häufig, wenn erst einmal der Knoten geplatzt ist, löste sich auch die Partnerfrage fast wie von allein.

Zak Spears hatte ich immer wieder auf den verschiedensten Sets getroffen, ohne daß wir je zusammen in einer Szene aufgetaucht waren. Wir drehten gerade mit Chi Chi LaRue den Streifen *Boot Black* – wieder ohne gemeinsamen Sex. In einer Drehpause saßen wir beieinander, und Zak erzählte mir, er habe sich von seinem Freund getrennt, und deshalb stünde nun endlich unserem lange anvisierten Sexabenteuer nichts mehr im Wege. „Klar!" grinste ich. „Machen wir's! Ich weiß auch schon, wo und wie!"

Durk Dehner war völlig überrascht, denn so sehr er Zak und mich für seinen Film wollte, so wenig konnte er sich eine gemeinsame Szene mit uns beiden vorstellen. Für die meisten Regisseure wäre damit Ende der Diskussion gewesen. Nicht für Durk. Er meinte es ernst damit, die Fantasien seiner Darsteller umzusetzen. Ich spürte immer mehr, wie meine Sympathie für diesen Mann wuchs, der so mittendrin in der Pornowelt stand und doch so anders war.

Während des Drehs flirteten Durk und ich ohne Unterlaß. Ich glaubte, hinter seine rauhe Fassade schauen zu können, die er für Porno-Hollywood aufgebaut hatte. Mehr noch: Ich verliebte mich in ihn. Wir sprachen offen darüber und kamen beide zu dem Schluß, daß wir unseren Gefühlen während eines Drehs für einen Hardcorefilm nicht trauen könnten. Vieles, was du glaubst während einer derart intensiven Zeit vor der Kamera zu spüren, machst du dir nur vor. In der Hitze des Sets verschmelzen Realität und Fantasie, und angestaute Emotionen brechen sich Bahn. Wir beschlossen abzuwarten, bis wir beide wieder klarer denken konnten.

Gesagt, getan!

Eine Woche nach Drehschluß holte mich Durk zu Hause ab, und wir fuhren zu seinem Haus in Echo Park. Hoch oben auf einem Hügel, umringt von einer immergrünen Hecke, stand es da im silbernen Schein des Mondes, der groß und tief neben den Wolkenkratzern von Downtown Los Angeles leuchtete. Ich sog die warme Abendluft ein, genoß den Blick und fühlte mich unendlich glücklich in diesem Moloch L.A., der meine Heimat geworden war, und in der Nähe dieses Mannes, den ich solange unterschätzt hatte.

Ein großer Teil von *The Wild Ones* wurde in Durks Spielzimmer gedreht, dem *dungeon*, den er sich im Keller eingerichtet hat. Dort findet auch seine schier endlose Leder- und Spielzeugsammlung ihren Platz. Dort hängt die Fickschaukel – der Sling – und steht der Sklavenkäfig, und genau dorthin pflegte Durk auch seine Sexpartner zu führen. Wir aber gingen nicht nach unten in die Folterkammer, wo uns alles an die Kameras und die Arbeit erinnert hätte.

Stattdessen führte mich Durk in sein Schlafzimmer, wo wir leidenschaftlich, hart aber gefühlvoll miteinander Sex hatten. Ich bewunderte seinen strammen, mit Tattoos und Piercings geschmückten Körper und spürte, wie ähnlich unserer beider Auffassung von Sex war. Stunden vergingen. Es war der Beginn unserer wundervollen Beziehung, und ich habe des öfteren – und nur halb im Spaß – gesagt, wir hätten uns niemals ineinander verliebt, wenn wir an jenem Abend in seinem *dungeon* gevögelt hätten.

In dem ganzen Jahr unserer Beziehung ist mir der Sex mit ihm nie langweilig geworden. Durk war der älteste Lover, den ich je hatte, und seine Erfahrung hat mich reifer gemacht. Wir konnten miteinander lachen, feixen und richtig geil werden, öfter auch mal zu dritt, wenn ein Freund uns Gesellschaft leistete.

Der Film war geschnitten und Kopien gezogen, als ich Durks Einladung annahm und mit ihm zusammen nach Chicago zum „International Mister Leather Contest" flog, um für *The Wild Ones* die Werbetrommel zu rühren. Wir kamen im Grand Hyatt unter, wo auch eine riesengroße Ledermesse stattfand. Unsere Koffer schafften wir aufs Zimmer und eilten direkt hinunter ins Restaurant, um etwas zu essen. Was wir als erstes sahen, waren Sklaven, die an Ketten zu den Füßen ihrer Meister unter den Tischen saßen. Um die halbnackte Schar der Gäste rannten die Kellner und Kellnerinnen, als sei das alles völlig normal. Im Laufe der Jahre hatten sie sich wohl an Ledermessen gewöhnt.

Es ist schon witzig, wie respektiert Schwule mit Geld sind. Schließlich ist das Grand Hyatt keine schwule Absteige, sondern ein relativ mondänes, konservatives Haus und Teil einer internationalen Kette.

Jeder aus der Lederszene kam mit mindestens drei Koffern angereist, um das ganze Sortiment an Outfit und Spielzeug dabeizuhaben. Leider war es ausgerechnet das heißeste Wochenende des Jahres, und niemand trug wesentlich mehr als einen Harneß und Shorts. Scheiß-Schlepperei!

Das Cruising im Hause Hyatt fand bis fünf Uhr morgens in der Hotellobby statt. Lederkerle in Chaps mit heraushängenden Ärschen flanierten pausenlos auf und ab, um noch das Passende vor dem Schlafengehen zu finden. Das Angebot war endlos.

Durk und ich hatten es uns mit einem Drink in einer Ecke der Lobby gemütlich gemacht und schauten dem Treiben zu. Plötzlich zeigte er auf einen Typen, der mit dem Rücken zu uns stand.

„Den kenne ich", sagte Durk. „Geh mal hin und laß dir seine Zunge zeigen!"

Ich machte mich also auf, sprach ihn an, und er rollte seine Zunge heraus. Der Typ hatte sie mit ungelogen 28 Piercings geschmückt! Achtundzwanzig Knöpfe und Ringe in, um und auf seiner Zunge. Was heißt da Zunge? Man sah sie ja vor lauter Metall gar nicht mehr! Mir fielen fast die Augen aus dem Kopf, und ich wußte nach einer kleinen Pause nur noch zu fragen, wie es denn mit dem Essen so klappe.

„Kein Problem", sagte Mr. Piercing, „nur Müsli und Spaghetti sind vom Speiseplan gestrichen."

Natürlich ging in dieser ersten Nacht in jedem zweiten Zimmer des Grand Hyatt eine Orgie ab, und alle hatten ihr eigenes Motto. Da waren die Lederbären, die im Kreise saßen, Zigarre rauchten und auf die Zungen ihrer Masos aschten. Da waren die Faustficker, deren Beschäftigung aus ihrem Namen klar hervorgeht und die sogar Bohrmaschinen mitbrachten, um ihre Fickschaukeln an den Hotelzimmerdecken zu befestigen. Da waren die Golden-Shower-Fanatiker, die sich nicht nur in den Badezimmern des Hotels gegenseitig anpißten. Da waren die Fußschweißfetischisten, die bei über 30 Grad in Gummistiefeln umhermarschierten, um für die Nacht gut vorbereitet zu sein. Und mittendrin waren Durk und ich und luden in unserem Zimmer zum bunten Treiben ein.

Als ich am nächsten Morgen den Lift betrat, fand ich mich umzingelt von einer Gruppe KLM Stewardessen in hellblauen Uniformen. Ihre Blicke strichen an mir hoch und runter, denn ich trug nur einen Harneß und ein knappes Lederhöschen. Als ich den Fahrstuhl verließ, drehte ich mich noch einmal um und sagte: „Verpassen Sie die Ledermesse im zweiten Stock nicht, meine Damen!"

Ich arbeitete am Stand der Tom of Finland Foundation mit, wo wir *The Wild Ones* promoteten und Tom of Finland-Produkte verkauften: T-Shirts, Kühlschrankmagnete, Bücher und nicht zu vergessen: die lustigen kleinen Abziehtattoos, die für fünf Dollar das Stück über den Tisch gingen und reißenden Absatz fanden – nicht nur, weil ich sie höchstpersönlich auf Dutzende von Hintern aufklebte.

Die Messe war ein Erotikmarkt, auf dem man alles an Sexspielzeugen und Outfits finden konnte. Gleich neben unserem Stand gab es Paddles für Spanking zu kaufen – Instrumente also, um deinem Freund den Arsch zu versohlen. Natürlich kamen den ganzen Tag Meister vorbei, um die Schlagwerkzeuge an ihren Sklaven auszuprobieren. Ich erinnere mich an ein lesbisches Pärchen, das systematisch jeden Prügel durchprobierte.

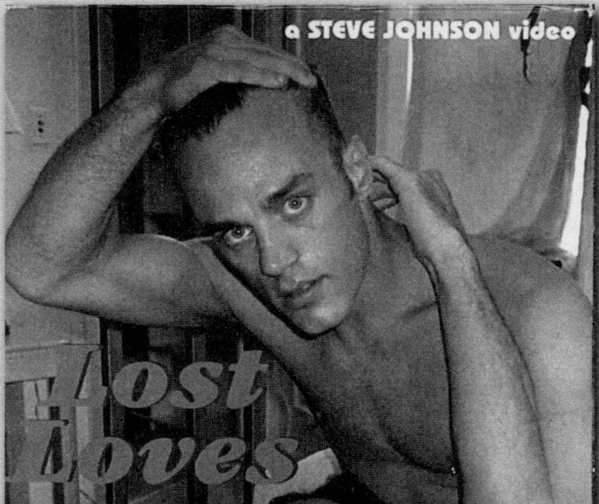
a STEVE JOHNSON video
Lost Loves
from CLOSE-UP productions

Die Meisterin setzte einen Hieb, und darauf folgte die Frage: „Und?"

Die Sklavin drehte die Augen zu ihrer Herrin und grinste entweder oder guckte enttäuscht.

Gekauft haben sie nichts.

Auf diesem Markt der Unmöglichkeiten fand sich schier alles und jeder. Auch Heteros wurden von dem Angebot an Sexspielzeug angezogen, denn bei SM und Fetisch beginnen Begriffe wie homo und hetero zu verschwimmen und werden einfach zweitrangig. Ein schwuler masochistischer Freund von mir sagte einmal, seine geilste Sexfantasie sei es, daß ein sadistischer Meister ihn zwingt, eine Möse auszulecken. Das sei so schön erniedrigend. An diesem Wochenende in Chicago hätte er es sicherlich erleben können.

Meine Arbeit als Darsteller zwang mich zurück nach Los Angeles, wo ich für Chris Green in dessen Erstlingswerk *Motorcycle Gang* die Hauptrolle spielte. Ich drehte drei Tage am Stück und flog danach sofort mit Durk nach New York, wo mich das schönste Wochenende meines Lebens erwartete!

Es war Ledertreffen in New York und nicht nur das: An dem gleichen Wochenende fand die Abschlußfeier der Gay Games statt, und Hunderttausende Schwule und Lesben marschierten auf der „Gay Pride Demonstration" zum fünfundzwanzigsten Jubiläum der „Stonewall Inn Riots" mit.

Wir kamen im Holiday Inn unter, und ich wollte nur rasch unten am Kiosk ein paar Zeitschriften holen, als mir im Flur die ganzen 160 Zentimeter von Jimmy Somerville entgegenkamen und mich offen anbaggerten! Ich faßte es nicht! „Mein Gott!" dachte ich. „Der Kerl ist im wirklichen Leben ja noch kleiner und blasser als im Fernsehen!" Ich ließ ihn stehen.

Im Anschluß an die Gay Games hatte die Tom of Finland Foundation eine Ausstellung mit Sportmotiven ihres Namensgebers organisiert, und Tim Rayney, der New Yorker Manager der Foundation, servierte am Vorabend der Vernissage ein weiteres Schmankerl: eine Riesen-Tanzparty! Genauer gesagt, die erste der in New York mittlerweile legendären „Butt Boy Partys", ein Name, der sich irgendwie nicht gut übersetzen läßt. Ein *butt* ist jedenfalls ein Hintern.

Die Fete war ein Riesenerfolg, was bei der endlosen Ansammlung geiler Männer in New York auch kein Zufall war. Wir zeigten Ausschnitte aus *The Wild Ones* auf einer Reihe von Monitoren, und ich genoß die bewundernden Blicke derer, die mich als „den mit den Billardkugeln" erkannten.

An dem darauffolgenden Tag – wir saßen bei einem Espresso in einer kleinen Bar in der Christopher Street – entwickelten Durk und ich die Idee, zu der Ausstellungseröffnung am Abend eine erotische Einlage zu bieten, denn sonst war weiter kein Programm geplant.

„Wir setzen uns einfach auf zwei Säulen und holen uns einen runter!" sagte mein Lover.

„Vergiß es, Durk! Wir sind in New York, und alle Welt geht davon aus, daß wir uns ausziehen und unsere Schwänze rausholen, und ist im gleichen Moment schon gelangweilt!"

„Okay, was schlägst du vor?"

Ich erläuterte ihm meine Idee, und Durk war begeistert.

Der Abend kam, die Ausstellungsräume füllten sich. Niemand kündigte uns an, denn ich wollte, daß unsere kleine Show so aussah, als würden da zwei Männer spontan miteinander rummachen. Wir betraten den Raum mit nichts als Ledershorts und Stiefeln bekleidet. Durk legte mir ein Gummilaken um den Hals und fing an, mir im Stehen, mit einer Bierflasche in der Hand, eine Glatze zu rasieren. Ich beobachtete die Umstehenden und mußte innerlich furchtbar lachen. Niemand wußte so recht, ob hier zwei Verrückte am Werk waren oder aber ein geplanter Teil des Abends stattfand, also entschied man sich, uns in bester New Yorker Tradition interessiert zu ignorieren.

Mit seinem Bier spülte mir Durk die letzten Haare ab. Dann setzte er mir eine Ledermaske auf und ich ihm auch eine. So ging es weiter: Anstatt uns auszuziehen, zogen wir uns langsam an: Lederjacken, Handschuhe, Lederhandfesseln. Wir nahmen ein Seil und schnürten unsere Körper wie ein Paket zusammen, ließen unsere Arme jedoch frei. Durk steckte mir das eine Ende eines Plastikschlauchs in den Mund, ich das andere Ende in seinen. Durch diesen Schlauch mußten wir die Luft des anderen atmen. Schließlich verschlossen wir die Lederhandfesseln gegenseitig hinter unser beider Rücken, warfen uns zu Boden und rollten fest verschnürt durch die Ausstellung.

Zu diesem Zeitpunkt war auch der letzten New Yorker Kulturtunte klar geworden, daß es sich hier um Performance-Kunst handeln mußte, und wir erhielten heftigen Beifall. Für Durk und mich aber war diese kleine Aktion ein Symbol unserer gegenseitigen Liebe und unseres Vertrauens. Was wir sonst fühlten, wenn wir privat miteinander „spielten", das spürten wir viel intensiver bei dieser kleinen Vorstellung.

Wir gingen recht bald danach zurück ins Hotel, denn am nächsten Tag fand die Abschlußfeier der Gay Games statt. Zwei Gerüchte machten in New York die Runde: Das erste hieß, es gebe eine Bombendrohung bei der Veranstaltung, die im Yankee-Stadion steigen sollte. Das zweite lautete, daß auf eben jener Feier Barbra Streisand auftauchen würde. Beide Gerüchte zusammen führten dazu, daß in einem bis an die Decke gefüllten Yankee-Stadion zigtausende Homos „Barbra, Barbra!" brüllten. Wir waren natürlich auch dabei.

So eine blöde Bombendrohung hält doch heute keinen Schwulen mehr ab, daß zu tun, was er aus tiefstem Herzen möchte. Und wenn sie mich schon in die Luft jagen, dann möchte ich wenigstens *sie* vorher einmal live erlebt haben …

„Barbra, Barbra!"

Es gab natürlich weder eine Bombe, noch Barbra, trotzdem war es ein unglaublich eindrucksvoller Abend für mich. Ich hatte noch nie in meinem Leben soviele Schwule und Lesben auf einem Haufen gesehen. Übertroffen wurde das nur noch von der Demo selbst. Angeführt wurde sie traditionell

von den *dykes on bikes*, den Lesben auf Motorrädern. Es waren Hunderte schwarzgekleideter Frauen, und ich kann mich noch genau an diese eine in weißen Gogo-Boots erinnern. Sie stand mit einem Bein auf dem Sattel, das andere Bein hoch in der Luft und die Hände am Lenker. So fuhr sie die Fifth Avenue herunter.

In diesem Jahr war die Parade so riesig, daß immer noch Tausende auf den Abmarsch am Times Square warteten, während die ersten schon am anderen Ende Manhattans im Village angekommen waren. Doch der bewegendste Moment war *the minute of silence*, die Schweigeminute zum Gedenken an die Aidsopfer.

Es fing im vorderen Teil des Zuges an. Nach und nach verklangen alle Lieder und alles Spektakel für eine Minute. Dann, langsam, krochen Freude und Musik die Fifth Avenue hoch. Wildfremde Menschen umarmten sich liebend und feierlich, und dann ging die Parade weiter. Da stand ich nun, mitten unter all diesen Menschen, und mich durchfloß ein unbeschreibliches Gefühl von Nähe und Liebe zu meiner schwulen Gemeinde – oder *community*, wie die Amerikaner es nennen. Es war tief bewegend, zu sehen, daß wir trotz der Krisenzeiten das Feiern nicht verlernt hatten, daß wir zusammenhalten und weitermachen im Kampf gegen die Krankheit, gegen Intoleranz und Homophobie.

Nach unserer Rückkehr nach L.A. vergingen ein paar arbeitsreiche Wochen, bis Durk und ich uns nach San Francisco aufmachten, zu der dritten Station unserer Tour durch die Lederfeste Amerikas. An diesem Wochenende wurde mir klar, daß ich unter den Schwulen Amerikas kein Unbekannter mehr war.

Wolff von hinten und von vorne! Wolff bei der Premiere von *Boot Black* im Campus Theatre. Wolff auf der Folsom Street Fair am Stand der Tom of Finland Foundation. Wolff beim Autogramme-Geben. Wolff beim Verehrer-Abschütteln. Die Lederszene gab mir einen Kult-Status, den ich bei all den anderen Pornos, Shows und Auftritten nie erlebt hatte. Ich genoß die bewundernden Blicke und gehechelten Aufforderungen aber nur zum Teil. Den Holger in mir beschlich auch ein bißchen Angst, die Kontrolle über sein Alter ego zu verlieren. Ohne Durk wäre ich an diesem Wochenende in San Francisco sicherlich wahnsinnig geworden, denn die Fans hätten mich einfach überrannt. Er war mein Schutz, zumindest vor all jenen, die wußten, daß er mein Freund war.

Die Folsom Street Fair ist das größte SM-Straßenfest der Welt. Zehntausende laufen aufgetakelt im teuersten Fetisch die Folsom Street auf und ab und zelebrieren sich selbst. Und Horden homosexueller Exstasy- und Crystal-Benutzer tanzen sich zu stampfender House-Musik bei knallender Sonne in den Kreislaufkollaps.

Auf einer der Bühnen in Sichtweite unseres Standes wurde für die Wahl des lokalen Mr. Leather geprobt. Ich habe selten in meinem Leben so gelacht, denn alle Teilnehmer mußten einen Traum oder eine Fantasie darstellen, und mir wurde mit einem Male klar, warum Porno für die Szene so wichtig ist. Ohne Porno hätten sie alle überhaupt keine Fantasien! Auf dieser Bühne spielte sich eine Farce nach der anderen ab. Der Höhepunkt: Einer der Kandidaten hatte sich ein riesengroßes Buch gebastelt, aus dem er seine Fantasien vorlas. Ein Soldat seiner Träume erschien mit einem Holzschwert, befreite ihn aus einem imaginären Turm und vergewaltigte ihn anschließend. Wie lustig! Diese Möchtegern-Mr. Leathers kamen mir vor wie Kinder, die ihre Lieblingsserien im Fernsehen nachspielten! Es war alles schrecklich grotesk und öde, und wer gewonnen hat, habe ich auch vergessen.

Zurück in Los Angeles drehte ich meinen ersten Fistfilm für Pig Play Productions. Pig Play ist eine kleine Firma in West Hollywood, die sich ganz auf einen Fetisch spezialisiert hat: das Fisten, zu deutsch: „Fäusteln" – oder grober: der Faustfick. Im Pornobusineß wird es liebevoll „handballing" genannt.

Der Akt als solcher ist im übrigen in vielen amerikanischen Staaten illegal – auch in Kalifornien. Wir hätten am Set durchaus verhaftet werden können! Das erfuhr ich allerdings erst nach dem Dreh. Als alles im Kasten war, wurde das Rohmaterial nach Amsterdam geschickt, dort geschnitten und der fertige Film als europäisches Produkt verkauft, denn dessen Vertrieb ist wiederum völlig legal. In solchen Kniffen sind die Amis Meister: Spezialisten im Spiel mit der doppelten Moral!

So hat zum Beispiel Falcon die Fistszenen immer am Ende ihrer Filme, damit sie in der Lage sind, das Handballing bei Bedarf einfach rein- oder rauszuschneiden. Der Hintergrund: Wenn sie die Videos mit der Post verschicken, darf die Fistszene dabei sein, wenn sie aber die Filme im Laden verkaufen oder verleihen, ist es illegal. Mit *The Wild Ones* ist es übrigens dasselbe. Die per Post bestellte Kassette hat einen anderen Schnitt als die im Laden gekaufte. Das verstehst du nicht, lieber Leser? Macht nichts, es versteht niemand!

Genausowenig wie die Tatsache, daß Fesseln und Ficken gleichzeitig nicht erlaubt sind. Ich hatte für Zeus in Los Angeles drei solcher Bondage-Filme gemacht. Der Boß dieser Firma wird von allen nur „Daddy Zeus" genannt, weil er sich um seine Darsteller wie um die eigenen Kinder kümmert. Ein höchst liebenswerter Mensch! Bei Daddy also waren ziemlich viele Faxe und Briefe eingegangen, die ihn aufforderten, mich als Model für seine Filme zu gewinnen. Meine Fans wollten mich gefesselt, also ließ ich mich ihnen zuliebe fesseln.

Die Solos sind immer gleich; außer mir sind nur die Hände von Daddy Zeus im Bild und machen an mir rum, fesseln mich oder hängen mir megaschwer aussehende Riesenklammern an die Brustwarzen, die innen aber hohl sind und eigentlich gar nicht viel wiegen. Im Film ist eben vieles möglich.

Was ich nicht haben durfte in diesen Streifen, war eine Erektion. Denn ein steifer Schwanz beweist den amerikanischen Moralwächtern, daß es sich hier nicht um reine Gewalt (moralisch erträglich) sondern um schmutzige Sexualität handelt (moralisch verwerflich). Also werde ich am Ende abgebunden und darf mir, dann wiederum legal, ungefesselt einen runterholen: Höhe- und Schlußpunkt eines jeden Daddy Zeus Bondage-Films!

In den Filmen von Pig Play ist außer Fisten nichts zu sehen. Bei dem Dreh in Los Angeles hatte ich nicht einmal einen Ständer, was den Machern auch gar nicht wichtig war. Ich spielte den aktiven Part, worüber ich sehr froh war, denn der Gefistete zu sein ist kein leichter Job. Dafür ist er aber der bestbezahlte in der ganzen Industrie. Am wenigsten bringen die Solos ein. Zweier, Dreier, Dildos, SM, Fisten – das sind die verschiedenen Kategorien der Bezahlung.

Bei meinen Fistfilmen war ich zumeist der Aktive. Hauptsächlich, weil die Regisseure meine großen Hände so liebten. Im Film sieht es meistens so easy aus, wie da eine ganze Hand verschwindet, aber es braucht viel Übung und Konzentration für den Gefisteten, diese Kunst vor laufender Kamera zu beherrschen. Für den Fister ist es sicherlich einfacher, aber Übung kann nicht schaden. Vor allem sollte er in der Lage sein, sich auf sein Gegenüber einzustellen.

In meinem allerletzten Film, den ich in San Francisco für Hot House Productions drehte, wurde für meine Szene extra ein *fistbottom* aus New York eingeflogen. Als wir uns vorgestellt wurden, merkte ich schon, daß dieser Typ nicht recht ausgeschlafen war. Während des Drehs wurde dann schnell klar, warum! Er hatte sich die ganze Nacht mit eben jener Beschäftigung um die Ohren gehauen, für die er nun tagsüber engagiert war. Mit anderen Worten: Der Mann hatte die ganze Nacht durchgefistet, und war wund bis auf die Knochen!

Na fein! Da mußte er nun durch, und es war wahrlich kein Zuckerschlecken für ihn. Ich im Gegenteil mußte nicht einmal meine Hosen auszuziehen. Wir alle fanden diesen *fistbottom* furchtbar unprofessionell, und niemand hatte Mitleid. Adrian, mein bester Freund in San Francisco, hörte sich die Geschichte am Abend an und lachte herzlich. Aber er war auch ein bißchen schadenfroh, weil er selber gerne die Rolle gehabt hätte. Er wollte unbedingt mit mir zusammen in einem Fistfilm auftreten.

„Das kriegen wir bestimmt noch hin!" sagte ich.

Welch ein Irrtum! Drei Wochen später saß ich im Knast.

Durk Dehner

Ich wollte bei *The Wild Ones* vieles anders machen, als das, was ich aus anderen Pornoproduktionen kannte. Meine Partner und ich führten lange Gespräche mit den Darstellern, die in Frage kamen, um herauszufinden, worauf sie sexuell stehen. Es war mir wichtig, daß die „Chemie" zwischen den Darstellern stimmte. Darum waren wir auch sofort begeistert, als Holger mit Zak Spears auftauchte und die beiden vorschlugen, gemeinsam die Szene mit den Billardkugeln zu machen. Wir hatten die beiden ursprünglich nicht füreinander vorgesehen, aber da gab es eine Anziehung, die uns überzeugte.

Keine typische Art, für einen Porno zu casten, oder?

Sehr untypisch! Die Firmen machen das normalerweise nie, denn es ist sehr zeitintensiv. Ich bedauere immer diese Darsteller, die zu einem Set kommen und keine Ahnung haben, mit wem sie gleich vögeln müssen. Es wird einfach von ihnen erwartet, das heißt dann: Professionalität. Aber schau dir mal die großen Hollywood-Filme an. Die richtigen Schauspieler zusammenzubringen ist das Geheimnis ihres Erfolgs.

The Wild Ones hat ja auch euch beide zusammengebracht. Wann haben Holger und du gemerkt, daß ihr etwas füreinander empfindet?

Im Verlauf der Dreharbeiten zu *The Wild Ones*. Wir waren abends in einem Sexclub und begannen miteinander rumzumachen, hörten dann aber auf, um die Dreharbeiten nicht zu belasten. Wir wollten warten, bis der Streß vorbei war. Ich erinnere mich aber an einen Moment, wo Holger einen Fluffer brauchte, also machte ich das für ihn am Set. Ich tat es einfach, es war …

… nicht gerade typisch für einen Regisseur?

Nein, nicht wirklich. Aber wir waren so scharf aufeinander, daß ich einfach dachte, es sei das Richtige. Es geschah übrigens während der Billardszene.

Spielte in eurer Beziehung, die ihr danach für ein knappes Jahr führtet, der Altersunterschied eine große Rolle?

Zwanzig Jahre! Mir war klar, daß ich an jemanden, der so viel jünger war als ich, keine übertriebenen Erwartungen haben durfte. Ich versuchte mein Bestes, Holger so zu lassen, wie er war.

Wie war er denn?

In einigen Punkten war er überraschend reif für sein Alter. Das hatte sicherlich damit zu tun, daß Holger früh sein Elternhaus verließ. Er weiß, wie man Geld verdient, er kann sich überall durchschlagen und ist bereit, Risiken einzugehen. Andererseits läßt er viele Dinge einfach nicht an sich herankommen und vertraut darauf, daß Probleme sich von selbst lösen. Natürlich war er auch ein typischer 25jähriger, wollte mit Gleichaltrigen rumhängen und tratschen. Ich merkte einfach, daß ich seine Entwicklung nicht forcieren konnte. Ich nahm ihn so, wie er war, und das funktionierte sehr gut: sexuell und emotional! Wie alle Jungen in seinem Alter suchte er natürlich nach Anerkennung. Er war sehr enttäuscht, wenn mir nicht auffiel, daß er etwas erreicht oder geleistet hatte. Durch die Beziehung mit ihm habe ich gelernt, mehr auf den anderen und das, was er tut, zu achten.

Fühlte sich Holger von dir vernachlässigt? War das der Grund dafür, daß eure Beziehung zerbrach?

Holger wollte mehr Zeit zu zweit verbringen, einfach nur miteinander sein, ohne gesellschaftliche Verpflichtungen, Partys und so weiter. Ich hatte damals viel zu tun, hatte gerade die Renegade Studios gegründet und war extrem beschäftigt. Sicherlich hatte das Busineß einen gewaltigen Einfluß auf unsere Beziehung. Heute würde ich da einiges anders machen.

Spielt die extreme Energie von L.A. da eine Rolle? Kann man in einer Stadt, in der jeder nur an sich denkt, eine harmonische Beziehung führen?

Mit 45 Jahren ist das sicher einfacher als mit 25. Die Maßstäbe verändern sich, wenn du älter wirst. Für Holger war es sicherlich viel wichtiger als für mich, wie die Pornowelt ihn sah, zum Beispiel bei den Gay Awards. Es kommt einfach darauf an, wie wichtig du das Busineß in L.A. nimmst. Ich kenne viele Pornodarsteller, die in monogamen Beziehungen leben; die ziehen sich aus dem Zirkus komplett raus. Das geht auch. Es ist aber sicherlich schwieriger, wenn man jung und begeistert ist.

Ich möchte gerne noch ein wenig über SM und Porno reden. The Wild Ones war ja auch Holgers erster SM-Streifen. Was macht einen guten SM-Porno aus?

Beim Dreh zu *The Wild Ones* passierte einmal eine lustige Geschichte: Wir hatten für die Barszene einige Statisten bestellt, die lediglich den Raum füllen sollten. Aber plötzlich begannen, während die Kamera lief, die Darsteller mit den Statisten rumzumachen, und es artete in eine regelrechte Orgie aus. Wir konnten mit der Kamera nur so durch die Gegend schwenken. Es herrschte einfach eine solche sexuelle Energie am Set, das war phänomenal! Diese Spannung entsteht nicht häufig beim Drehen eines Pornos, sie macht einen guten

Film aber aus. In den meisten SM-Pornos geht es nur um Symbole: große Dildos, Peitschen, Ketten. In Wahrheit aber dreht sich beim SM alles um Unterordnung und Dominanz und die sexuelle Spannung, die daraus entsteht. Man kann einen SM-Porno komplett ohne Symbole drehen.

Wie würde der aussehen?

Man kann da viel von Tom of Finland lernen. Er war ein Meister darin, in wenigen Bildern sexuelle Spannung aufzubauen. Er war ein technischer Perfektionist, aber was ihn dabei motivierte, kam direkt aus seinem Schwanz. Die Technik war der Rahmen, in dem seine Kreativität sich auslebte. Die Billardszene zwischen Wolff und Zak in *The Wild Ones* ist ähnlich intensiv.

Ist Wildheit nicht eine gefährliche Botschaft in den Zeiten von Aids?

Viele junge Leute sagen, daß sie froh wären, wenn sie die wilden Siebziger miterlebt hätten. Aber ich bin durch die ganze Aids-Epidemie gegangen und war immer ein sexuell aktiver Mann. Mit dem Film wollte ich vermitteln, daß die „guten alten Zeiten" nicht vorbei sein müssen: Man kann sehr wild und trotzdem safe sein. Wenn Holger und Zak sich mit Bier bespucken, ist das extrem erotisch, ein Spiel mit Flüssigkeiten, leidenschaftlich und sicher. Es war mir ein Anliegen, zu zeigen, daß man vieles tun kann, ohne in Schwierigkeiten zu geraten. Ich wollte meine Zuschauer von der Idee abbringen, daß man immer sein Sperma in den Arsch eines andern spritzen muß, um leidenschaftlich zu sein.

Achtes Kapitel

Die Stadt am Golden Gate

„Und wann sehen wir uns?" fragte ich.

Der kleine Augenblick des Schweigens am anderen Ende der Leitung verriet mehr als die Antwort danach.

„Wie wäre es mit Ende nächster Woche? Wenn ich aus San Diego zurück bin. Was hältst du davon?"

„Klar. Ist cool, Durk. Völlig okay!"

Ich legte den Hörer auf, ging zum Kühlschrank, schaute kurz rein und knallte die Tür wieder zu. Keinen Hunger!

Die Wohnung sah aus wie Sau. Sonst hatte ich zum Aufräumen keine Zeit; jetzt hatte ich einfach keine Lust. Draußen kämpfte sich die Abendsonne langsam durch den dunkelbraunen Smog-Gürtel.

Nur nicht ausgehen! Niemanden sehen, grüßen, anlächeln, nach dem Befinden fragen, „Ganz toll, wirklich! Und du?" antworten und dabei lächeln müssen! Keine anabolikaschwangeren Muskelmonster, die dich aus den Augenwinkeln taxieren und mit dem Rest Hirn, das die Drogen ihnen gelassen haben, überlegen, in welchem Porno sie dich gesehen haben!

Aber was sollte ich dann tun? Ich starrte aus dem zwölften Stock des Fontenoy Tower über die endlose Straßenwüste von Los Angeles. Die Beziehung mit Durk fiel langsam auseinander – ohne große Dramen, ohne Streit, ohne daß sich auch nur unsere Gefühle füreinander verändert hätten! Wenn er für mich Zeit hatte, dann hatte ich keine für ihn, und umgekehrt. Wir rannten beide dem Erfolg hinterher, und das führte uns voneinander weg. Wenn der Maßstab für dein persönliches Glück der jeweils nächste, neue, größere Kick ist, dann haben Beziehungen keine Chance. Das ist mir heute klar. Damals glaubte ich noch, man könnte alles unter einen Hut bringen, und ich machte meine Unfähigkeit dafür verantwortlich, daß es mit Durk nicht klappte. Heute würde ich sagen: Niemanden traf die Schuld, daß unsere Beziehung zerbrach. Sie scheiterte an den Gesetzen dieser Stadt Los Angeles – an ihren drei Imperativen: Schneller! Jünger! Mehr! Irgendwann bestimmst nicht mehr du selbst dein Leben, sondern die Maske, die du dir aufgesetzt hast.

Was hatte ich erreicht? Eine traumhafte Wohnung. Ruhm innerhalb der schwulen Welt. Genug Geld, um nicht darüber nachdenken zu müssen. Ich hatte unzählige Bekannte. Aber wen davon wollte ich in dieser depressiven Stimmung anrufen?

Die Menschen in Los Angeles lieben dich, solange es dir gut geht. Es darf dir auch schlecht gehen, solange du es für dich behältst. Aber wehe, du willst mit einem deiner „Freunde" darüber reden! „Probier es doch mal mit einer Therapie!" und „Ruf mich doch an, wenn es dir wieder besser geht!" bekommt man meist zu hören.

Die Sprüche kannte ich schon und hatte keinen Bedarf, sie noch einmal zu hören. Da saß ich nun in meinem Elfenbeinturm mit Blick über Hollywood und mußte mir eingestehen, daß ich mich einsam fühlte. Kein Wunder, daß alle, die hier leben, anfangen zu malen oder zu schreiben. Was bleibt dir übrig? Wenn es keine Auseinandersetzung mit anderen Menschen gibt, dann muß man seine Konflikte halt künstlerisch aufarbeiten. In Zwiesprache mit dir und deinem Werk! Plötzlich verstand ich, warum Elke Sommer in Los Angeles Sonnenblumen malt. Alles nur Therapie!

„Ruf mich an, wenn du mit den Sonnenblumen durch bist, Elke!"

Ich mußte lachen, aber es war ein bißchen Verzweiflung mit dabei. Los Angeles ist eine furchtbar gute Stadt, um Geld zu verdienen, doch wer zu lange bleibt, gibt das ganze Geld wieder für Therapeuten und Ölfarbe aus.

Das also war der Abend, an dem ich beschloß, die Stadt zu verlassen. Die Entscheidung kam so schnell und war so definitiv wie die Entscheidung damals, Berlin zu verlassen. Aber wohin? Eigentlich kam nur noch San Francisco in Frage.

Ich hatte über zwei Jahre in L.A. gebraucht, bevor ich die Stadt am Golden Gate ein erstes Mal besucht habe. Eigentlich völlig unverständlich, denn die beiden Städte liegen nun wirklich nicht weit voneinander entfernt – zumindest nicht für amerikanische Verhältnisse. Der Flug die Pazifikküste hinauf dauert gerade mal 60 Minuten. Mit dem Auto ist man in etwa sechs Stunden da.

Die Gelegenheit, San Francisco zum ersten Mal zu besuchen, kam mit meinem ersten Dreh für Falcon, von dem ich ja schon ein paarmal erzählt habe. Bei meiner Ankunft im Hotel regnete es in Strömen, auch am nächsten Morgen, meinem ersten Drehtag, kübelte es aus allen Wolken. Doch am dritten und letzten Tag meines Trips hörte der Regen auf, und meine Stimmung wurde schlagartig besser. Ich rief vom Hotelzimmer einige Freunde in Los Angeles an und fragte sie über ihre Bekannten in San Francisco aus. Jeff kannte keinen. Jim kannte John, aber John war nicht da. Rick kannte Al.

„Klar, komm vorbei!" sagte Al. „Mein Gästezimmer ist frei."

Daraufhin änderte ich mein Flugticket und blieb einfach drei Tage länger in San Francisco. Al war gerade frisch verliebt und schwebte im siebten Himmel wegen seines neuen Freundes. Wir saßen zu dritt am ersten Abend in ihrem süßen viktorianischen Holzhäuschen im Castro, dem Schwulenviertel, und schmiedeten Pläne für meinen weiteren Aufenthalt. J.B., der Freund von Al, war Fotograf und

hatte bisher immer nur Transsexuelle fotografiert oder Porträts geschossen. Als wir vor dem Kamin saßen und ich meine Porno-Geschichten zum besten gab, wurde J.B. ganz aufgeregt: „Ich würde ja gerne mal Aktfotos machen", sagte er.

Al war sofort Feuer und Flamme: „Ich weiß, was wir morgen machen! Wir fahren raus über die Golden Gate Brücke und machen Fotos! Vorausgesetzt natürlich, du bist einverstanden, Wolff?"

Die beiden waren mir sympathisch, schließlich hatten mich die zwei Frischverliebten ohne zu zögern in ihr Haus aufgenommen – natürlich war ich bereit, mich nackt fotografieren zu lassen!

Die Marin Headlands auf der nördlichen Seite der Golden Gate sind ein Naherholungsgebiet mit steiler Küste, wilder Natur, traumhaften Buchten und einem atemberaubenden Blick auf die weiße Stadt am Meer. Der ganze Küstenstreifen ist gespickt mit alten Bunkern und graffiti-überzogenen Militäranlagen: verblaßte Farben auf brüchigem Beton. Es war eine malerische Kulisse für unsere Fotos. Leider war es auch furchtbar kalt, und ich fror wie ein Hund in der eisigen Brise, die an jenem Märztag vom Pazifik herüberwehte.

„Klasse! Wie schön deine Brustwarzen abstehen!" sagte J.B. und drückte auf den Auslöser.

Was macht man nicht alles für die Kunst!

Auch Al hatte eine Kamera mitgebracht und knipste unseren Shoot. Der Bunker, vor dem ich posierte, war von einem nahegelegenen Pfad aus gut einsehbar, und Al stand an einer Wegbiegung und hatte, während er seine Schnappschüsse machte, immer ein Auge auf die Umgebung. Plötzlich begann er, wild zu gestikulieren, und brüllte: „Weg hier, Kinder im Anmarsch!"

Eine ganze Schulklasse einschließlich Erziehern war nur noch ein paar Meter von der Biegung entfernt, von der aus sie einen hervorragenden Blick auf meine abstehenden Brustwarzen – und mehr – gehabt hätten. Nackt wie ich war, flüch-

tete ich schleunigst um den Bunker herum, zur Seeseite hin.
J.B. folgte mir, meine zusammengeklaubten Klamotten und
seine Kamera in den Händen. Mit Blick auf den Pazifik warteten wir atemlos, bis das Kindergekreische verklungen war.

Das hätte furchtbar ins Auge gehen können, denn Nackte
in der Öffentlichkeit finden amerikanische Erzieher überhaupt nicht lustig. Als die Gefahr vorüber war, prusteten wir
los vor Lachen. Ich habe selten soviel Spaß auf einem Shoot
gehabt, und J.B. entpuppte sich als traumhafter Fotograf. Einige meiner besten Fotos stammen von ihm.

Am nächsten Tag schlenderte ich durch die Stadt und be-
gann, mich in sie zu verlieben: Die buntgestrichenen Häus-
chen auf den unzähligen Hügeln, die schnuckligen Geschäfte
im Castro, die mediterrane Atmosphäre, die Hippies von
Haight-Ashbury, die gemütlichen Straßencafés. Was für ein
Unterschied zu Los Angeles, zu diesem Leben von Parkplatz
zu Parkplatz. Wer in Los Angeles zu Fuß geht, kann nur ein
Stricher sein. Hier hatten die Menschen Zeit zum Bummeln,
Zeit für einen Milchkaffee mit Freunden, für einen kleinen
Tratsch an der Straßenecke.

Die drei Tage vergingen wie im Fluge. In dem darauffolgenden Jahr besuchte ich San Francisco, wann immer sich
die Möglichkeit ergab, und ich wußte, wohin ich gehen würde, wenn es Zeit war, Los Angeles zu verlassen.

An dem Abend, an dem mir klar wurde, daß die Beziehung
mit Durk dem Ende zuging, war die Zeit gekommen. Es war
im Spätsommer 1995. Ich faßte den Plan, für etwas mehr als
ein halbes Jahr nach San Francisco zu ziehen, und nur noch
dann nach Los Angeles zu fahren, wenn ich bei einem Dreh
mein Geld verdienen mußte. Und danach, das spürte ich, wäre es an der Zeit, der USA und meiner Pornokarriere Adieu zu
sagen und nach Deutschland zurückzukehren. Berlin im
Frühling, am besten im Mai, so hatte ich es mir vorgestellt.

Wie so häufig war der Zufall wieder einmal auf meiner Seite. Jarod Clark, ein blondes Muskelpaket mit einem äußerst

talentierten Hintern, war ein guter Freund von mir, seit ich ihn auf dem Set von *Handball Marathon Part 2* kennengelernt hatte. Er besaß einen *pick up*, einen dieser in Amerika beliebten nach hinten offenen Kleinlaster. Damit plante Jarod, nach San Francisco zur Folsom Street Fair zu fahren. Also kündigte ich kurzentschlossen meine Wohnung, packte meine ganze Habe auf Jarods Laster, und wir fuhren los. Jarod verstand meinen Entschluß sehr gut. Ihm war es ein halbes Jahr zuvor genauso ergangen, und er tauschte die soziale Kälte von L.A. gegen die Wüstenhitze von Palm Springs ein und kam nur noch zum Arbeiten zurück.

Ich konnte in San Francisco bei unserem gemeinsamen Freund Adrian unterkommen, den ich etwa ein Dreivierteljahr zuvor bei einem meiner früheren Besuche in San Francisco kennengelernt hatte. Ich war in jener Nacht zusammen mit Jarod und ein paar anderen Pornostars im Nachtleben von San Francisco unterwegs gewesen, unter ihnen auch Adrian, der damals schon mit Jarod befreundet war. Die beiden hatten sich irgendwann bei einem Fistfilm kennengelernt. Alle hatten schon recht über den Durst getrunken und wollten die Nacht durchfeiern. Adrian und ich fühlten uns jedoch eher nach einem beschaulichen Abend und verbrachten ihn in seiner stilsicher mit aus Stein gehauenen Putten dekorierten Wohnung im Castro.

Was für einen lieben Menschen hatte ich da kennengelernt! Wir redeten und redeten – über das Busineß, über das Leben und Gott –, in Amerika reden alle ständig über Gott. Je später der Abend wurde, um so näher kamen wir uns. Ich hatte das Gefühl, als würde ich diesen Mann schon ein Leben lang kennen. Adrian war um einiges älter als ich, attraktiv, mit einer warmherzigen Ausstrahlung. Wir hatten keinen Sex in dieser Nacht, und keiner von uns machte irgendwelche Anstrengungen in diese Richtung.

Von diesem Tag an besuchte ich Adrian, wann immer es mir möglich war, und bei einem dieser Besuche fuhren wir mit J.B. über die Golden Gate Brücke, um zusammen Fotos zu machen. Adrian hat einen wundervoll männlichen Körper, den er aber leider nur noch für Fisting-Videos unter seinem Pornonamen Jeff Baron präsentiert. Die Fotos, die J.B. von uns beiden an diesem Tag geschossen hat, gehören zu meinen liebsten aus der gesamten Zeit in Amerika.

Unglücklicherweise hatte Adrian nicht richtig zugehört, als ich ihm am Telefon erzählt hatte, ich würde meine ganzen Sachen mitbringen. Sein enger, dunkler Flur füllte sich mit meinen Kisten, und Adrian schlug die Hände überm Kopf zusammen. Ich versprach, mich um einen Abstellplatz zu kümmern, und los ging es zur Folsom Street Fair, der großen Lederparty, die ich ein Jahr zuvor noch mit Durk besucht hatte.

Ich blieb die nächsten zwei Monate bei Adrian, und wir hatten immer ein volles Haus und viel Spaß. Ich begann wieder aufzublühen nach den depressiven Wochen in Los Angeles. Das langsame Ende meiner Beziehung mit Durk hatte mir deutlich gemacht, wie einsam ich eigentlich war. Adrians fast väterliche Fürsorge, unsere platonische Liebe zueinander, ließen mich die Einsamkeit vergessen – mehr noch: Unsere Freundschaft war das Heilmittel dagegen. In seiner Nähe spürte ich kaum, wie die Zeit verging. Er gab mir Liebe und Verständnis, ohne etwas dafür zu verlangen. Das kannte ich schon gar nicht mehr. Vielleicht hatte Durk mir das gleiche Gefühl wie Adrian geben wollen, aber in L.A. war ich viel zu sehr mit mir selbst beschäftigt gewesen, um es wahrzunehmen. In San Francisco hingegen strahlte alles eine gemütliche Ruhe aus, eine Normalität, die ich neu entdecken mußte.

Und ich war nicht allein. Die Stadt am Golden Gate ist voll mit Pornostars, die zwar noch im Gewerbe arbeiten, aber es satt haben, die eitle Aufgeregtheit Hollywoods ertragen zu müssen, die hohlen Gespräche und die Pornosessions am Fließband. Es ist durchaus möglich, in L.A. zu arbeiten und in San Francisco zu leben, wenigstens für eine Weile, bis

der Hollywood-Pornozirkus dich langsam vergißt, weil du auf den Partys nicht mehr erscheinst.

Zum Glück sind einige der besten Pornofirmen Kaliforniens in San Francisco ansässig: Falcon, für die ich zu L.A.-Zeiten schon gearbeitet hatte, und Hot House Entertainment von Steven Scarborough, der lange Jahre auf Falcons Lohnliste stand, bevor er sich mit seiner eigenen Firma selbständig machte. Neben den beiden gibt es noch weitere kleinere Firmen wie Kink Video, Bush Creek Media oder Bob Jones, die mit Spezialitäten wie Fetisch und SM ihr Geld verdienen.

In San Francisco läuft auch die Pornoarbeit anders als in L.A. Man produziert nicht auf Biegen und Brechen, sondern läßt sich Zeit und dreht häufiger mal zwei Tage an einer einzigen Szene. Das Produkt sieht auch dementsprechend aus! In L.A. wird genommen, wer da ist oder sich gerade anbietet; in San Francisco werden die Leute eingeflogen, die man haben will. Porno in L.A. ist eine Maschine, in San Francisco ist es eine Kunstform.

An einem warmen Abend im Oktober, Adrian und ich saßen in seinem winzigen Gärtchen hinter dem Haus und fabulierten einmal mehr über die Männer, Gott und die Welt, da klingelte das Telefon, und ich wußte instinktiv, wer am anderen Ende der Leitung war.

„Hi, Durk!"

„Hi, Holger. Wie geht es dir denn so?"

„Fabelhaft. Und dir?"

Das war ernstgemeint. Ich freute mich wirklich, Durks Stimme zu hören, und ihm schien es genauso zu gehen. Ich hatte für die kommende Woche zwei Drehs in Los Angeles und wollte mich bei Sharon Kane einquartieren. Durk aber hatte erfahren, daß ich runterkommen würde, und lud mich ein, in seinem Haus zu wohnen. Ich sagte zu.

Er holte mich am Flughafen ab, und wir fuhren zu einem kleinen mexikanischen Restaurant in Hollywood. Das Essen war großartig, frisch zubereitet und scharf gewürzt, und ich spürte, daß wir dabei waren, unser Verhältnis auf neue Füße zu stellen. Dabei plauderten wir über nichts Besonderes, Arbeit hauptsächlich, die beiden Drehs und meine geplanten Auftritte im Nob Hill Theatre in San Francisco. Er lud mich zum Essen ein, dann schlenderten wir die Melrose Avenue entlang zu seinem Wagen.

„Glaubst du, wir haben Fehler gemacht?" fragte er.

„Nein. Wir haben uns nur auseinandergelebt. Das passiert nun einmal in L.A."

„Ja, vielleicht hast du recht."

Wir stiegen ein und fuhren nach Echo Park, wo ich in seinem Gästezimmer schlief. Wir waren auch beide damit einverstanden, es so zu handhaben. In den folgenden Tagen verbrachten wir viel Zeit miteinander, gingen zusammen ins Kino und auf ein paar kleinere Partys. Unser Verhältnis war freundschaftlich, wenn wir auch keinen Sex mehr hatten, und wir beschlossen, uns wieder regelmäßig zu treffen. Nach einer Woche brachte er mich zurück zum Flughafen. Es wurde kein großer Abschied. Ich schmiß die Beifahrertür zu, winkte einmal kurz, und weg war ich.

Wir haben uns nie wieder gesehen. Zwei Monate später rief ich ihn aus dem verschneiten Berlin an, um ihm mitzuteilen, was passiert war. Er wußte natürlich schon alles. Wir sind bis heute gute Freunde geblieben, er ist ein herzensguter Mensch, und ich bereue keine Sekunde, die ich mit Durk verbracht habe. Ich glaube, wenn ich wirklich jemanden liebe, dann will ich ihn für immer in meinem Leben haben, egal, was passiert. Durk ist immer noch in meinem Herzen und das ist, alles in allem, ein wunderbares Gefühl!

Zurück in San Francisco wartete gleich wieder Arbeit auf mich. Steven Scarborough hatte mich für *Call to Arms* engagiert, eben jenes Fisting-Video, in dem ich nicht einmal meine Hose ausziehen mußte. Es sollte mein letzter Film in den USA werden, aber davon wußte ich damals natürlich noch nichts.

Am Set lernte ich einen Still-Fotografen kennen namens Bob. Er sprach mich beim Dreh an, ob ich Interesse hätte, mich von ihm porträtieren zu lassen.

Ich dachte nicht lange nach, sondern sagte einfach zu. Ich konnte die Fotos gut gebrauchen, denn das Nob Hill Theatre hatte mich nach Promo-Shots für Anzeigen gefragt, die drei Wochen vor meinen Auftritten in der lokalen Schwulenpresse veröffentlicht werden sollten. Also machte ich Bob einen Vorschlag: Wenn er mir zwei Oben-Ohne-Fotos überläßt, durfte er über den Rest frei verfügen. Das war ein ganz normaler Deal, den wir in der Anwesenheit von Steven Scarborough machten, ganz „offiziell" und unter Zeugen.

Wir fotografierten zwei Tage später in seiner Wohnung, und das Ergebnis war, glaube ich, recht gut. Wie allen anderen Fotografen und Firmen zuvor gab ich ihm die Kopie meines Personalausweises als Bestätigung, daß ich über einundzwanzig Jahre alt und somit kein minderjähriges Model war. Der Ausweis war lange schon abgelaufen, doch sonst war ich immer damit durchgekommen. Ich zog mich gerade wieder an, als Bob mich fragte, ob ich Lust hätte, bei einer privaten Videoproduktion dabei zu sein. Ich schaute ihn fragend an: „Wie soll das denn aussehen?"

„Nun, es sind nur du und ich im Bild, und wir drehen, wie wir beide es miteinander treiben."

„Nein, aber vielen Dank", sagte ich, lächelte und zog mein T-Shirt über. So plump war ich selten angebaggert worden. Mich beschlich ein seltsames Gefühl Bob gegenüber.

Er fuhr mich zurück in Adrians Wohnung und sagte, die Bilder würden in zwei Tagen fertig sein. Zu Hause erzählte ich Adrian die Geschichte. Er schüttelte nur den Kopf: „Laß dich bloß nicht erpressen!"

„Sowieso nicht!"

Zwei Tage später rief Bob wieder an: „Ich komme dich jetzt abholen, damit wir das Video machen können, und dann bekommst du deine Fotos!"

Ich traute meinen Ohren nicht! Hatte ich das richtig verstanden?

„Das heißt, ich kriege meine Fotos nur, wenn ich es mit dir treibe?"

„Das war doch so abgemacht."

„Ich glaube, du hast mich nicht richtig verstanden, als ich dir mein Alter gesagt habe: Ich bin 27, nicht siebzehn! Ich bin doch nicht doof!"

Ich hörte, wie er tief einatmete. Dann sagte er: „Ich weiß nicht, ob du meine Arbeit lieber in Dollar bezahlen möchtest. Ich koste nämlich vierhundert die Session!"

Das war das Unverschämteste, was ich von einem Fotografen je gehört hatte. Ich war kurz vorm Platzen.

Ich erwiderte: „*Honey*, du kannst mich dir nicht leisten! Meine Gage ist doppelt so hoch!"

„Wenn du nicht willst, dann gibt es keine Fotos!"

Ich platzte!

„Hör zu, du Depp! Du kannst dir die Bilder in den Arsch schieben! Von so einem Arschloch wie dir laß ich mich nicht übers Ohr hauen! Zur Hölle mit dir und deinen Fotos! Wenn ich auch nur eines je irgendwo sehe, bist du dran!"

„Mach keinen Aufstand! Ich hole dich jetzt ab, und wir drehen das Video!"

„Alles, was du dir hier abholst, ist ein blaues Auge! Ich bin zu Hause, komm ruhig vorbei."

„Was denkst du eigentlich, wer du bist?"

„Auf jeden Fall bin ich nicht naiv!"

Mir war in den Jahren schon einiges untergekommen, aber diese dummdreiste Frechheit war der absolute Gipfel.

„Ich dachte, du brauchst die Fotos?" fragte Bob.

„Ich hätte sie gebraucht. Aber ich bin bestimmt in der Lage, von einem anderen Fotografen welche zu bekommen, mit dem ich nicht anschließend in die Kiste steigen muß. Und du verbrennst gefälligst die Negative! Verstanden?"

Ich knallte den Hörer auf. Ich war so sauer! Dann rief ich bei Hot House an und erzählte Steven die Geschichte. Auch er war völlig baff und bot mir sofort an, Fotos von einem Stillshot zu benutzen, die wir vor einem halben Jahr gemacht hatten. Mit den Aufnahmen von Steven ging ich zum Nob Hill Theatre.

Wie der Name schon sagt, liegt das Theater auf dem Nob Hill am Rande der Downtown von San Francisco in einem kleinen Gebäude in der Bush Avenue. Es ist ein gemütliches Pornokino mit einer kleinen Bühne, auf der täglich vier Shows stattfinden. Aufgemacht in den Siebzigern und beworben mit dem Slogan „Berühmt seit dem Tag der Eröffnung!", hatte das Nob Hill seine Hochzeiten während der Anfänge der Aidskrise, als in San Francisco alle Darkrooms und Saunen zumachen mußten.

Ich setzte mich in die allerletzte Reihe, um mir, einen Tag vor meinen eigenen Auftritten, die Show anzuschauen. Es dauerte einen Moment, bis der Pornofilm zu Ende war, dann begann die Show. Aus ein paar Lautsprechern stampften House-Rhythmen. Der erste Boy war ein halbwegs muskulöser Rothaariger mit einem dicken Schwanz, der links aus seinem Slip hing und den er nun einem älteren Herrn in der ersten Reihe mit kühnem Hüftschwung fast durchs Gesicht peitschte. Der Mann genoß die Aussicht offensichtlich und winkte den Rothaarigen noch näher zu sich heran, um ihm ein paar Dollarnoten in die Socken zu stecken. Ich hatte genug gesehen und wußte, was mich erwartete.

Der kleine Rothaarige hieß Cameron und war einer der Haustänzer. Davon gibt es ein gutes Dutzend im Nob Hill: Jungs aus San Francisco oder der Umgebung, die für eine Weile regelmäßig auftreten, bis ihnen der Job zu dumm wird, und dann kommen schon die nächsten. Ich dagegen war ein *Headliner*, ein Star also, der in der Werbung groß mit Foto angekündigt wird, Gast für eine Woche! Um ein Headliner zu werden, braucht man schon einen gewissen Bekanntheitsgrad, der einem ein eigenes Fanpublikum garantiert.

Meine Arbeit im Nob Hill begann am nächsten Tag und war anstrengender, als ich dachte. Das Management stellte mir ein Hotelzimmer im Allison an der Polk Street zur Verfügung, damit ich immer in der Nähe des Theaters sein konnte. Das fand ich ganz großartig, da es auch Adrian von meiner stetigen Anwesenheit entlastete.

Achtundzwanzig Shows in sieben Tagen! Die erste begann um 12.30 Uhr, die nächste um 17 Uhr, dann um 20 Uhr und schließlich um 23.30 Uhr. Viermal am Tag sich langsam ausziehen, Beine grätschen, Hüfte schwingen, Brust aufblähen, sich einen runterholen, fünfzehn Minuten lang. Natürlich nicht bis zum bitteren Ende – im Unterschied zum Pornofilm wird man beim Strippen Gott sei Dank nicht nach Orgasmen bezahlt.

Du sollst in solchen Live-Theatern eigentlich schon mit einer Erektion auf die Bühne kommen. Deshalb geht häufig genug in der Garderobe der meiste Sex ab: Wir Jungs flufften uns gegenseitig, um einen hochzukriegen! Die Haustänzer und ich kamen gut miteinander aus.

Ich hatte schnell ein paar Stammgäste, die jeden Tag kamen, nur um mich zu bestaunen, und das Trinkgeld floß reichlich. Ich hatte nur leider keine Zeit, es auszugeben. Jeden Abend war ich todmüde. Und auch zwischen den Shows gab es kaum Gelegenheit, etwas zu unternehmen, denn länger als eine halbe Stunde sollte ich nicht wegbleiben.

Mein letzter Abend war Thanksgiving: das amerikanische Erntedankfest, die größte Freßorgie der Nation. Während ich mir vor fast leeren Stühlen meinen vierten runterholte, stieß ganz Amerika das Messer in den gefüllten Truthahn und stopfte sich den Magen voll mit Kürbispastete und Pecan-Torte. Adrian war in den Tagen davor zu mindestens fünf Dinnerpartys eingeladen worden, und alle bedauerten, daß ich arbeiten mußte und nicht mitfressen konnte. Mir machte es aber nichts aus; ich hatte es mir ja so ausgesucht.

Kurz nach Mitternacht betrat ich mein Hotelzimmer und warf mich aufs Bett, müde aber zufrieden. Morgen würde das Wochenende auch für mich beginnen – lange ausschlafen war mein einziger Gedanke. Plötzlich klingelte das Telefon. Es war Adrian.

„He, *babe*. Hast du noch Hunger?"

„Danke, Adrian, ich hatte ein Sandwich."

„Wir haben noch jede Menge übrig. Die Truthahnfüllung von Dan ist so was von lecker, ehrlich. Allerdings haben wir alle schon soviel davon gegessen, du weißt schon ... Thanksgiving eben!" Er rülpste, um zu bestätigen, wie vollgefressen er war, und wir lachten beide.

„Das ist lieb von dir, Adrian, wirklich, aber ich bin mehr müde als hungrig."

„Ich dachte sowieso, daß du heute nacht zu mir kommst, jetzt wo die Shows vorbei sind."

Ich überlegte kurz. Das Hotelzimmer war noch bis zum nächsten Morgen gebucht, und ich war völlig geschafft und wollte nicht mehr los.

„Adrian, ich bin hundemüde. Ich denke, ich schlafe mich einfach aus. Wir sehen uns morgen, ja?"

„Wie du meinst, Holger. Ich weiß nicht warum, aber mir wäre es lieber, wenn du hier wärst."

„Morgen, Adrian. Morgen komme ich zurück."

„Dann schlaf gut und träume schön, Holger!"

Wir legten auf. Ich schaffte es gerade noch, mich auszuziehen und mir die Zähne zu putzen.

Ich habe immer geglaubt, daß Adrian so etwas wie einen siebten Sinn hat. Und er schwört auch heute noch felsenfest, daß er Bauchschmerzen bei dem Gedanken hatte, mich diese Nacht im Hotel schlafen zu lassen. Doch davon habe ich nichts geahnt. Nach dem anstrengenden Abend wollte ich nur noch eines: schlafen!

Fünf Stunden später holte mich ein Klopfen unsanft aus dem Bett.

Adrian Gronsky

 Eines Tages erhielt ich einen Anruf aus L.A. von meinem Freund Jarod Clark, der mir mitteilte, er würde mit einem gewissen Wolff nach San Francisco zu Besuch kommen. Wir trafen uns in einem Motel an der Market Street, und als ich dort ankam, war da eine ganze Horde Pornojungs aus Los Angeles. Sie waren alle schwer am Feiern; das ging ziemlich heftig zur Sache, und alle hatten einen Mordsspaß. Dort habe ich Wolff kennengelernt.

Wir kamen sofort miteinander ins Gespräch, und während die anderen loszogen und weiterfeierten, landeten wir beide in meiner Wohnung, wo wir die ganze Nacht mit Reden verbrachten. Das war im Herbst 1994. Ich mochte Wolff von Anfang an. Er war klug und ein geistreicher Gesprächspartner. Danach blieben wir in ständigem Kontakt, und er besuchte mich immer wieder, bis er im Sommer des darauffolgenden Jahres mit Sack und Pack bei mir einzog.

Warst du überrascht?

Und wie! Ich dachte, er kommt nur zu Besuch, und plötzlich füllte sich mein Flur mit seinen Kisten. Es ging ihm wohl nicht besonders gut in L.A. Holger war reif für einen

Ortswechsel. In den Monaten bis zu seiner Verhaftung haben wir viel zusammen unternommen: Er hatte ja in San Francisco nicht viel zu tun, bis auf einen Film, den er hier drehte, und die Auftritte im Nob Hill.

Wie war euer Verhältnis in dieser Zeit?

Es war eine Seelenverwandschaft, eine platonische Liebe. Nun, nicht ganz: Wir haben manchmal auch Sex miteinander gehabt. Wir sind auf Sex-Partys gegangen und spielten auch mit anderen herum, aber das war nicht so wichtig. Ich denke, so ist das im Pornobusineß: Du genießt die Gesellschaft mit anderen, den Sex und das Leben in vollen Zügen. Es war immer spontan und intensiv. Unser Verhältnis war besser als eine Zweierbeziehung, weil es ungezwungener war. Wir vertrauten einander. Ich denke, das bringt es auf den Punkt.

Wie hast du von seiner Verhaftung erfahren?

Ich rief morgens im Hotel an, und als sie es mir gesagt haben, konnte ich es zuerst gar nicht glauben. Wir hatten ja am Abend vorher noch telefoniert. Natürlich hatte ich keine Ahnung, daß er sich illegal im Land aufhielt. Danach telefonierte ich natürlich überall herum, aber es dauerte ein paar Tage, bis ich ihn das erste Mal im Gefängnis besuchen durfte.

War es schwierig, hineinzukommen?

Es war der blanke Horror! Die Besuchszeiten waren vier Stunden am Donnerstag und vier Stunden am Sonntag. Man mußte Schlange stehen, sie wollten deinen Ausweis sehen und stellten tausend Fragen. Dann mußtest du wieder warten, denn es gab nur einen Raum mit vier oder fünf Kabinen mit Telefonanlage und Sicherheitsglas. Dann bekamen wir zehn Minuten Zeit, um miteinander zu reden. Zehn Minuten! Während ich da war, drückten sie ihm ein Formular in die Hand. Er bekam diesen seltsamen Gesichtsausdruck, denn das Formular war auf Deutsch. Er mußte wieder anfangen, auf Deutsch zu denken und zu schreiben. Damit war klar: Amerika ist vorbei!

Wie waren die Haftbedingungen für ihn?

Die meiste Zeit war er im sogenannten Loch. Das heißt: Hochsicherheitstrakt und Einzelhaft. Sie sagten, es sei zu seinem Schutz, weil er schwul ist. Aber ich denke, der Beamte war einfach ein homophober Bastard, der beschlossen hatte, den Jungen ins Loch zu werfen! Es muß der Horror gewesen sein. Stell dir vor: Vor dem Raum brannte eine Glühlampe 24 Stunden am Tag. Ständig Schreie und Lärm um dich herum, weil viele der Insassen geistig krank sind. So ist das in unserem Land, wir haben ernsthaft Geisteskranke, die einfach ins Gefängnis gesperrt werden. Dazwischen Gewalttäter. Ein Typ, der bei einem meiner Besuche neben Holger saß, war ein Mörder. Das waren Schwerstkriminelle, mit denen er zusammen einsaß.

Was hast du unternommen, um ihm zu helfen?

Ich hatte eine Anwältin eingeschaltet und das deutsche Konsulat. Aber die teilten mir mit, sie könnten nichts tun, die Verzögerung seiner Papiere sei die Schuld der Amerikaner. Und die Immigration sagte natürlich, es liegt an den Deutschen! Die Anwältin meinte, sein Fall sei aussichtslos, es gäbe keine Möglichkeit, seine Abschiebung zu verhindern, aber sie wußte wenigstens, wen man anrufen muß, um das Verfahren zu beschleunigen. Und von Los Angeles aus telefonierte Durk Dehner mit ein paar einflußreichen deutschen Geschäftsleuten, die versuchen sollten, ihn aus dem Knast von Santa Rosa rauszuholen. Holger wurde langsam immer verzweifelter.

Wie hast du von seiner Abschiebung erfahren?

Durch die Anwältin, sie sagte mir das Datum. Ein paar Tage zuvor ging ich zur Einwanderungsbehörde, weil er die Erlaubnis hatte, eine Reisetasche mitzunehmen, und ich packte ein paar Sachen ein, von denen ich dachte, daß man sie braucht in Deutschland – es war ja Mitte Dezember: ein paar warme Stiefel und dicke Pullover. Am Tag seiner Abschiebung machte ich mich wieder zur Immigration auf, um ihn vielleicht nochmal zu sehen, aber ich verpaßte ihn um eine halbe Stunde.

Wie reagierten die Leute im Pornobusineß auf Holgers Festnahme?

Alle hatten natürlich Angst vor den Behörden, weil er in ihren Büchern auftauchte. Es ist kein kleines Vergehen, wenn man einen illegalen Ausländer beschäftigt. Das Verrückteste war, daß plötzlich alle aufhörten, über ihn zu reden. Er war fast eine Unperson. Und dabei gehörte er vorher zu den Berühmtheiten im schwulen Pornobusineß. Ich dachte nur: Aha! So wird also Geschichte umgeschrieben.

Wann hast du Holger das letzte Mal gesehen?

Im Knast. Ein Wächter, der kam, um ihm die Handschellen anzulegen – es war wohl ein ganz geiler Wächter, denn Holger machte eine entsprechende Bemerkung –, grinste mich an und klimperte mit den Handschellen, nach dem Motto: Schau mal, was ich da habe. Holgers Augen wurden ganz groß, und er legte sein breitestes Grinsen auf. Das ist mein letztes Bild von ihm: Mit einem grünen und einem gelben Schuh, in gottverdammten Handschellen wurde er abgeführt. Und der geile Wächter summt dazu und macht seine kleine Show daraus!

Am Ende ein Anfang

 Ich brauchte ein halbes Jahr, um mich in Deutschland wieder zu Hause zu fühlen. Selbst die Sprache kam mir ungewohnt vor. Mit Jobs in Kneipen und Clubs habe ich mich in diesen ersten Monaten durchgeschlagen, mehr schlecht als recht. Doch nicht alle in den USA haben mich vergessen. Eines Abends kam ein Anruf aus Hollywood, der mich zurück ins Busineß brachte, wenn auch auf andere Art als damals.

Mit einem italienischen Freund, den ich noch aus meiner Zeit in Kalifornien kenne, arbeite ich nun an einer Reihe europäischer Filme nach amerikanischem Muster und mit amerikanischen Financiérs. Im Mai 1997 drehten wir unseren ersten Streifen in Italien, dazu wurde Hollywood-Pornostar Derek Cameron eingeflogen. Diesem Film *Journey to Italy* werden 1998 drei weitere folgen: in Budapest, Prag und Italien. Ich bin zuständig für Casting und Produktion, und im ersten Streifen kann man mich auch in einer kleinen Rolle sehen. Zur Zeit bin ich immer noch auf der Suche nach geeigneten Darstellern, und falls jemand Interesse haben sollte: Ich brauche drei Polaroids: von vorne, von der Seite und von hinten. Am besten natürlich mit Erektion!

Ich hoffe, daß mehr aus dieser Serie wird, vielleicht der Startschuß für eine professionelle Pornoproduktion in Deutschland. Es wird höchste Zeit, daß Porno hierzulande aus der Schmuddelecke kommt.

Es gibt natürlich mehrere Gründe, warum das Genre immer noch dort steckt. Der erste ist einfach: das Geld. Nachwievor fehlt es an mutigen Produzenten, die bereit sind, Kapital in eine professionelle Filmproduktion zu investieren. Wer aber Darsteller mit zweihundert Mark abspeist, darf sich nicht wundern, wen er dafür bekommt. Gäbe es Produzenten, die amerikanische Honorare bezahlen – nämlich von tausend Mark aufwärts –, würden sich auch entsprechend professionelle Jungs finden und nicht nur die Knaben vom Hauptbahnhof mit ihrer Stricherattitüde, die wir für gewöhnlich aus deutschen Produktionen kennen. Wer Geld in seine Filme steckt, kriegt am Ende auch mehr dafür. Das funktioniert bestimmt auch hier.

Würden wir in Deutschland nur zwanzig Prozent der verkauften oder verliehenen Titel selbst produzieren, es wäre ein Millionen-Markt! Mehr noch: Die Titel wären auch hier billiger zu produzieren; wir müßten keine Import-Preise bezahlen, könnten vergleichsweise preiswerter verkaufen und dadurch eine eigene deutsche High-Class-Produktion auf die Beine stellen. Den Markt dafür gibt es, ob wir die Filme produzieren oder nicht. Warum macht es keiner? Weil anscheinend niemand willig ist, Startkapital bereitzustellen! Das wiederum hat mit dem Schmuddelimage der Branche zu tun. Genau da beißt sich die Katze in den Schwanz.

Der zweite Grund ist, daß Leute fehlen, die für ihren Beruf und ihre Industrie so etwas wie Lobbyarbeit betreiben. Es war so befreiend zu sehen, daß wenigstens im Hetero-Bereich etwas in Bewegung geraten ist: Eine Frau wie Dolly Buster geht in die Öffentlichkeit, in die Mainstream-Presse und in die Fernseh-Talkshows und stellt sich hinter das, was sie tut. Nur so beginnt in der Masse ein langsames Umdenken. Das Busineß braucht

Stars. Doch nur wer sich mit seinem Beruf als Pornostar identifiziert und einen gewissen Stolz für seine Arbeit entwickelt, wird nach außen gehen und den Starruhm entgegennehmen, den eine zunehmend aufgeklärte Gesellschaft ihm bietet. Das setzt natürlich voraus, daß man sich auch mit seiner eigenen Sexualität auseinandergesetzt hat. Von minderjährigen osteuropäischen Strichern kann man das natürlich nicht erwarten. Tatsächlich gab es bis heute keinen schwulen Pornodarsteller in Deutschland, der bereit wäre, sich öffentlich zu seinem Schwulsein zu bekennen und für seine Arbeit einzustehen.

Wer Erfolg hat, wird akzeptiert. Man mag über die amerikanische Pornoindustrie lächeln, die versucht, es der großen Mutter Hollywood gleichzutun, mit oscar-ähnlichen Preisverleihungen in Frack und Abendkleid. Doch mit all dem, mit politischer Lobbyarbeit und mit selbstgeschaffenem Glamour haben die Amerikaner es geschafft, sich langsam von ihrem Schmuddelimage zu lösen. Und das hilft vor allem den Darstellern und Darstellerinnen selbst, die heute unter weit besseren Bedingungen arbeiten können als früher.

Natürlich müssen und sollten wir nicht alles kommentarlos übernehmen, was aus den USA kommt. Tatsächlich hat die Perfektion in den USA einen Punkt erreicht, an dem sie beginnt, der Geilheit im Wege zu stehen. Viele Pornokonsumenten trauern den „guten alten Zeiten" nach, in denen echte Menschen noch echten Sex vor der Kamera hatten. Eine „Neue Ehrlichkeit" könnte die europäische Antwort auf die gleichförmige, körperbetonte amerikanische Pornomaschine sein.

Alles dafür ist da: Deutsche Männer zum Beispiel sind heißer als alle, die ich in Amerika kennengelernt habe. Sie sind unkompliziert und spielen nicht das Spiel mit der Eitelkeit, wie ich es aus Kalifornien kenne. Und die weitaus liberaleren europäischen Gesetze machen viele Dinge möglich, die in Hollywood schon gesetzliche Grauzone wären. Was fehlt, ist jemand, der die einzelnen Teile zu einem Ganzen fügt und den Startschuß gibt.

Denn der schwule Porno wird weiterhin gebraucht! Nicht unbedingt von den Metropolen-Homos, die sowieso schon alles kennen. Wer ein erfülltes Sexleben hat, braucht keine Pornos (mögen darf er sie natürlich trotzdem!). Aber wer hat schon ein erfülltes Sexleben? Viele meiner amerikanischen Kollegen haben nicht begriffen, wie wichtig sie sind für den einsamen Fan irgendwo in einem Kaff in Iowa, der sein Leben lang versteckt lebt und nie Sex mit einem anderen Mann haben wird. Für diese Leute habe ich Pornos gedreht.

Und werde sie weiterdrehen.

Eine Auswahl

Von den circa fünfzig Filmen, die während meiner Karriere in Kalifornien entstanden sind, habe ich eine kleine Auswahl zusammengestellt.

Barnstorm (Fox Studios), 1993;
Regie: John Coletti
Dies war mein allererster Film,
und ich war reichlich aufgeregt.
Wir drehten in Venice Beach in
den Fox Studios von John Coletti. Mein Partner hieß Mikel Karr.

Captain Stud and His Seamen
(Fox Studios/Tyger/Sierra Pacific),
1993; Regie: John Coletti
Dies war mein zweiter Film für
Coletti und wurde in San Diego
gedreht. Mein Partner war der
legendäre Rick Donovan.

Mess Hall Maneuvers (Tyger/Sierra
Pacific/Fox Studios), 1993;
Regie: Tempest

Wir drehten diesen Film in John
Colettis Haus in Venice Beach;
mein Partner war der britische
Pornostar Aiden Shaw.

Seeds of Love (Catalina), 1994;
Regie: Taylor Hudson
(Chi Chi LaRue)
Für diesen Film ließ ich meinen
Gips entfernen. Mein Partner war
Christopher Cox, der so klein
war, daß er mich, auf einer Apfelkiste stehend, ficken mußte.

The Big Score (Jocks), 1995;
Regie: John Rutherford
San Francisco-Produktion, bei
der ich erst durch den Regen
joggen mußte. bevor ich mit

meinem Partner Brad Hunt zum Zuge kommen durfte.

Boot Black (HIS Gold Video), 1994; Regie: Chi Chi LaRue
Hier bin ich auf der Videohülle zu sehen. In diesem Film hatte ich eine Wichseinlage mit sechs anderen, u.a. Rob Costa, Matt Gunther und Dirk Fletcher.

The Wild Ones (Renegade), 1994; Regie: Durk Dehner
The Wild Ones ist der erste Film von Durk Dehner, meinem Ex-Freund und dem Präsidenten der „Tom of Finland Foundation". Mein Partner in der inzwischen berühmt-berüchtigten Billard-szene war Zak Spears.

Outlaw Bikers (Triple X), 1994; Regie: Chris Green/Kathy Mack
Chris Greens Erstlingswerk. Zuvor war er bloß Chi Chi LaRues Assistent und wurde dann kurz darauf selbst Pornostar. Meine Partner waren Tyler Scott, Joe Magnum und Mike Chavez.

Trade (Malibu Sales), 1994; Regie: Gender
Trade war Genders Erstlingswerk in der Pornobranche. Sie kam aus der Clique um Chi Chi, erschien aber Gott sei Dank nicht im Fummel am Set. Mein Partner hieß Grant Larson.

Idol Country (HIS Gold Video), 1995; Regie: Chi Chi LaRue
Tanner Reeves und ich hatten eine gemeinsame Wichs-Session in diesem Film, der auf Ryan Idols Party gedreht wurde. Es war der erste Film, in dem Ryan Idol jemandem einen geblasen hat.

Working Stiff (Falcon), 1994; Regie: John Rutherford
Dieses Video war mein erster von zwei Filmen für Falcon. Nie sah ich besser aus, was vor allem den sehr professionellen Arbeitsbedingungen zu verdanken war. Mein Partner war Ken Adams.

Hand Ball Marathon, Part 1/Part 2 (Pig Play), 1994/1995; Regie: Casey Richards
Zwei Fist-Filme, die sich ausschließlich dem Fisten widmen. Mit Zak Spears und Jarod Clark.

Audition Nr. 4/Nr. 7 (Zeus), 1994/1995; Regie: Daddy Zeus
Zwei Filme aus einer Bondage-Reihe. In *Audition Nr. 4* habe ich mein erstes Bondage-Solo.

Call to Arms (Hot House), 1995; Regie: Steven Scarborough
Mein letzter Film in den Staaten, in dem ich mich nicht einmal ausziehen mußte, da ich für den aktiven Part engagiert war.